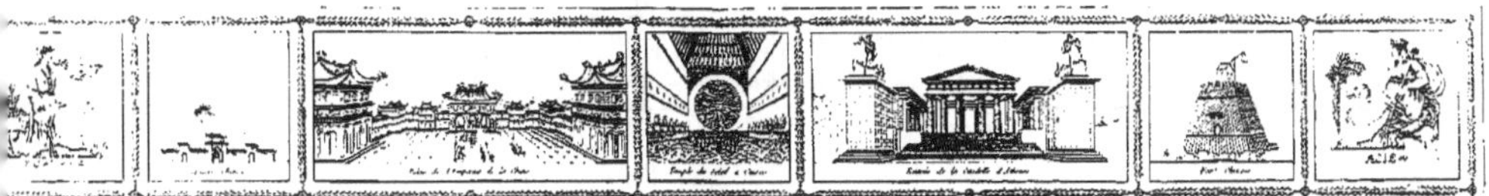

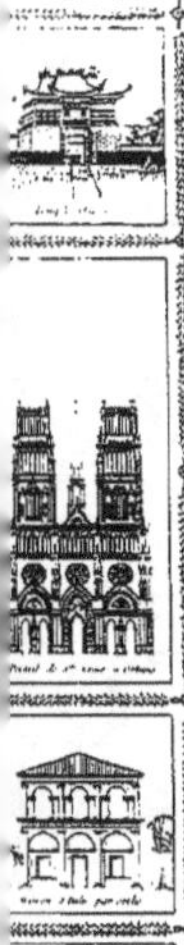

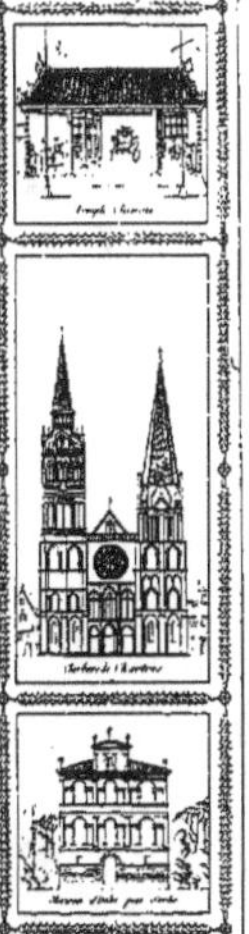

Planche 1ère

RECUEIL ET PARALLÈLE

DES ÉDIFICES DE TOUT GENRE, ANCIENS ET MODERNES,

REMARQUABLES PAR LEUR BEAUTÉ, PAR LEUR GRANDEUR OU PAR LEUR SINGULARITÉ, ET DESSINÉS SUR UNE MÊME ÉCHELLE

Par J. N. L. DURAND, Architecte et Professeur d'Architecture à l'École Polytechnique.

Il importe extrêmement aux Architectes, aux Ingénieurs civils et militaires, aux Peintres d'histoire et de paysage, aux Sculpteurs, aux Décorateurs de théâtre, en un mot, à tous ceux qui doivent construire ou représenter des édifices et des monuments, d'étudier et de connaître tout ce qui s'est fait de plus intéressant en architecture dans tous les pays et dans tous les siècles.

Mais les édifices qui méritent quelque considération se trouvent confondus avec une foule d'autres qui ne sont remarquables en rien; ils sont de plus dispersés dans près de trois cents volumes, la plupart très-chers, dont la collection coûteroit à un prix énorme, et il est impossible aux artistes de s'en procurer la connaissance autre part que dans celle des bibliothèques.

Ce moyen de même exige un temps [illegible] d'ailleurs praticable que pour les artistes qui habitent les grandes villes. De plus, quand ils auroient tous à portée d'en faire usage, peut-être que les avantages qu'il leur procureroit ne les dédommageroient pas suffisamment de leurs peines. En effet le moindre volume n'est composé que d'édifices de différents genres, tandis que ceux qui sont du même genre se trouvent disséminés dans un grand nombre de volumes. Il en est de même dans ce cas-là, les comparaisons, qui seules peuvent [illegible], doivent être longues, pénibles, imparfaites et peu instructives. Les différences des échelles ajoute encore à ces inconvénients.

Dans cet état de choses, j'ai pensé qu'en détachant des trois cents volumes dont je viens de parler, les seuls édifices qui sont essentiels à connaître, je les rassemblerois dans un seul volume d'un prix tout au plus égal à celui d'un ouvrage ordinaire d'architecture; je pourrois offrir aux artistes un tableau général et peu coûteux de l'architecture, un tableau qu'ils pourroient parcourir en peu de temps, examiner avec fruit, étudier avec fruit, sur-tout, si je classois les édifices et les monuments par genres, si je les rapprochois selon leur degré d'analogie, si je les assujettissois en outre à une même échelle, et c'est ce que j'ai entrepris de faire. Pour arriver plus sûrement à ce but, j'ai rejeté de ce recueil, non-seulement tous les objets qui n'offroient aucun intérêt en eux-mêmes, mais encore ceux qui ressembloient plus ou moins à d'autres morceaux d'un intérêt majeur [illegible], tout ce qui, sans [illegible] le volume, eût augmenté le nombre des [illegible].

Peut-être trouvera-t-on dans ce recueil, quelques édifices qui paroîtront peu intéressants, mais comme ce sont presque les seuls de ce genre qui existent, j'ai cru devoir les y placer, afin d'appeler l'attention sur ce genre d'architecture.

On y trouvera aussi des restaurations peu authentiques, telles que celles des thermes par Palladio, et de plusieurs édifices de l'ancienne Rome par Pirro Ligorio &c. mais je n'ai pas voulu priver les architectes des bonnes parties que ces restaurations présentent, et dont ils peuvent faire de fréquentes et d'heureuses applications.

Je me suis même permis, non-seulement de les simplifier, mais encore d'en offrir qui sont presque entièrement de ma façon; j'espère qu'on me pardonnera d'avoir osé me ranger à côté de ces grands maîtres; pour peu que l'on fasse attention que loin d'avoir voulu les corriger, je ne me suis attaché qu'à manifester d'une manière plus évidente, l'esprit qui règne dans leurs magnifiques productions.

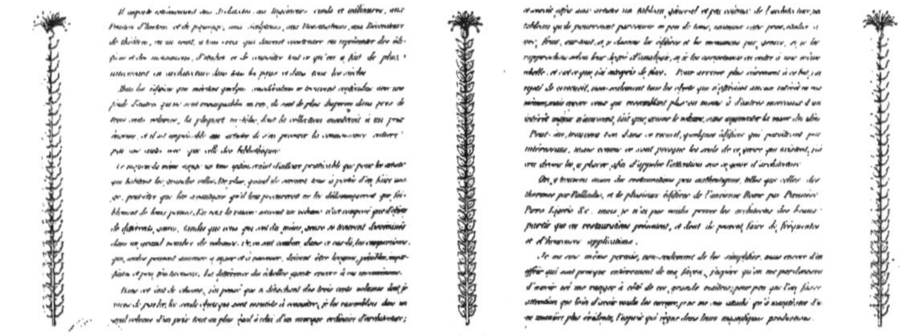

Cet ouvrage composé de quatre-vingt-douze planches se trouve à l'École Polytechnique, chez l'Auteur. Prix 180 francs.
Les artistes pourront le prendre par cahier. Chaque cahier est de six feuilles. Prix 12 francs.
PARIS AN IX.

Gravé par Baltard

Écrit par [illegible]

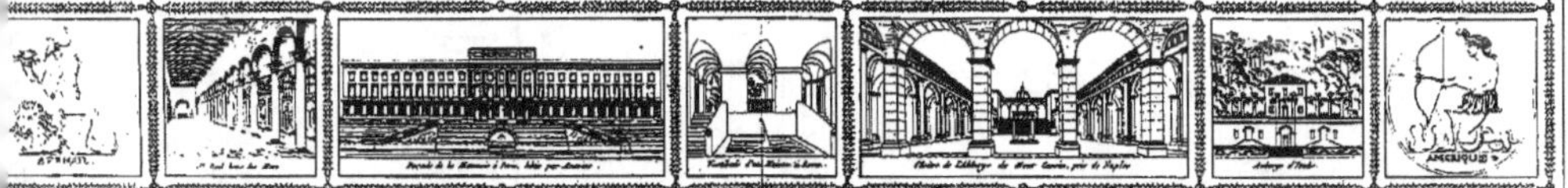

TABLE ALPHABÉTIQUE

DES DIVERS GENRES D'ÉDIFICES, DE MONUMENS ET DE DÉTAILS D'ARCHITECTURE CONTENUS DANS CE RECUEIL

ÉDIFICES ET MONUMENS.

A

Acqueducs [illegible]
Aqueducs [illegible]
[illegible]
Arcs de triomphe [illegible]
Antiques [illegible]
Modernes [illegible]

B

Bains
Antiques [illegible]
Indiens [illegible]
Baldaquins [illegible]
Baptistaires
Basiliques
Antiques [illegible]
Modernes [illegible]
Bazards [illegible]
Beffrois [illegible]
Bibliothèques [illegible]
Bourses [illegible]

C

Caravanserais [illegible]
Catacombes [illegible]
Casernes
Antiques [illegible]
Modernes [illegible]
Casins [illegible]
Châteaux
Gothiques [illegible]
d'Italie [illegible]
Modernes [illegible]
Châteaux d'eau
Antiques [illegible]
Modernes [illegible]

Cimetières [illegible]
Cirques [illegible]
Citernes [illegible]
Collèges [illegible]
Colonnes [illegible]
Colosses [illegible]
Corps de Garde [illegible]

D

Dômes [illegible]

E

Écoles [illegible]
Églises
Gothiques [illegible]
Modernes [illegible]

F

Fontaines [illegible]
Forum [illegible]

G

Greniers [illegible]
Grottes [illegible]

H

Halles 14
Hôpitaux [illegible]

I

Jardins
Anglais [illegible]
Français [illegible]
d'Italie [illegible]

L

Lazarets [illegible]

M

Maisons
d'Angleterre, par Inigo-Jones [illegible]
Arabes [illegible]
Chinoises [illegible]
Grecques [illegible]
d'Italie, par Palladio [illegible]
d'Italie, par Scamozzi [illegible]
de Perse 47
Romaines [illegible]
de Venise [illegible]
Maisons de Ville [illegible]
Marchés 14
Ménageries 58
Mosquées 7

N

Naumachies 40
Nimphées 32

O

Obélisques [illegible]
Observatoires [illegible]
Odéum 40
Orangeries 58

P

Pagodes -
Palais
Antiques, d'après Piranese [illegible]
d'Espagne [illegible]
de France [illegible]
de Gênes [illegible]
Gothiques [illegible]
Moresques [illegible]
de Rome [illegible]
Palais de Justice [illegible]
Palestres [illegible]
Phares [illegible]
Places publiques [illegible]
Ponts
Antiques [illegible]
Chinois [illegible]
Modernes (*en bois*, *en fer*, *en pierre*) [illegible]
de Perse [illegible]
Portes de Ville [illegible]
Portiques [illegible]
Ports [illegible]
Prisons [illegible]
Puits [illegible]

T

Temples
de Balbeck et de Palmyre [illegible]
Égyptiens [illegible]
Grecs [illegible]
Hébreux [illegible]
Mexicains -
Romains [illegible]
Ronds [illegible]
Théâtres
Antiques [illegible]
Modernes [illegible]
Thermes [illegible]
Tombeaux
Égyptiens [illegible]
Grecs [illegible]
Indiens [illegible]
Persans [illegible]
Romains [illegible]
Turcs [illegible]
Tours [illegible]

V

Volières [illegible]

X

Xistes [illegible]

DÉTAILS

A

Détails Arabes [illegible]

C

Détails Chinois
tirés de Chambers
Appuis
Bases
Colonnes
Entrelas
&c. [illegible]

E

Détails Égyptiens
tirés de Norden &c.
Autels [illegible]
Chapiteaux
Colonnes [illegible]
Entablemens
Figures
Lions
Momies [illegible]
Obélisques
Sphinx

Détails Étrusques
Autels
Candélabres [illegible]
Trépieds
Vases

G

Détails Gothiques
Arcades
Colonnes &c. [illegible]

Détails Grecs
tirés de Stuart &c.
Bases (*Corinthiennes*, *Ioniques*) [illegible]
Cariatides [illegible]
Chapiteaux, *Entablemens* (*Corinthiens*, *Doriques*, *Ioniques*) [illegible]
Ordres (*Corinthiens*, *Doriques*, *Ioniques*) [illegible]
Plafonds [illegible]

M

Détails Modernes
tirés de Chambray &c.
Arabesques de Raphael [illegible]
Archivoltes
Cariatides
Fontaines [illegible]
Impostes
Ordres (*Corinthiens*, *Doriques*, *Ioniques*, *Toscans*) de (*Palladio*, *Serlio*, *Vignole*) [illegible]
Portes
Tribunes [illegible]

Détails Moresques
tirés de l'Alhambra

R

Détails Romains
tirés de Desgodetz &c.
Autels
Bas-reliefs [illegible]
Bucranes [illegible]
Candélabres [illegible]
Cariatides [illegible]
Chapiteaux (*Composites*, *Corinthiens*, *Doriques*, *Ioniques*) [illegible]
Colonnes [illegible]
Entablemens (*Corinthiens*, *Doriques*, *Ioniques*) [illegible]
Fontaines [illegible]
Impostes [illegible]
Lampes [illegible]
Meubles [illegible]
Niches [illegible]
Ordres (*Corinthiens*, *Doriques*, *Ioniques*) [illegible]
Portes [illegible]
Tombeaux [illegible]
Trépieds [illegible]
Vases [illegible]

T

Détails Turcs
Bains
Fontaines [illegible]
Intérieurs

RECUEIL ET PARALLÈLE DES ÉDIFICES DE TOUT GENRE ANCIENS ET MODERNES

TEMPLES EGYPTIENS

TEMPLES GRECS

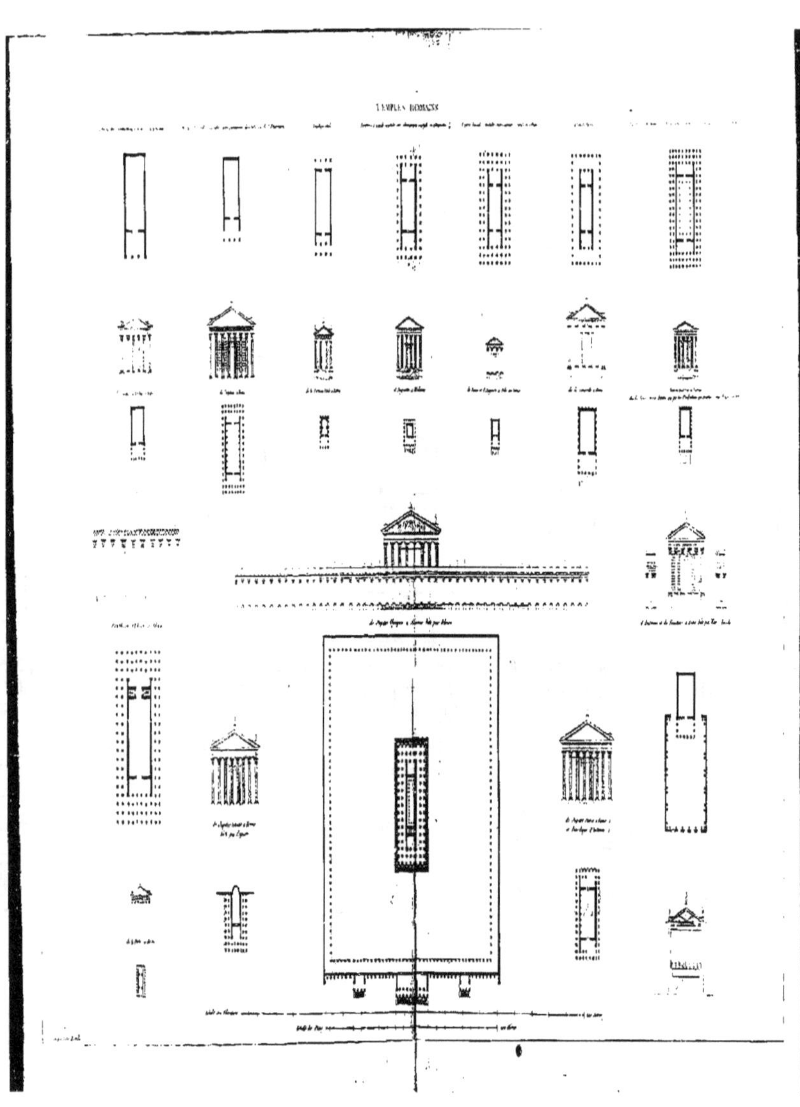
TEMPLES ROMAINS

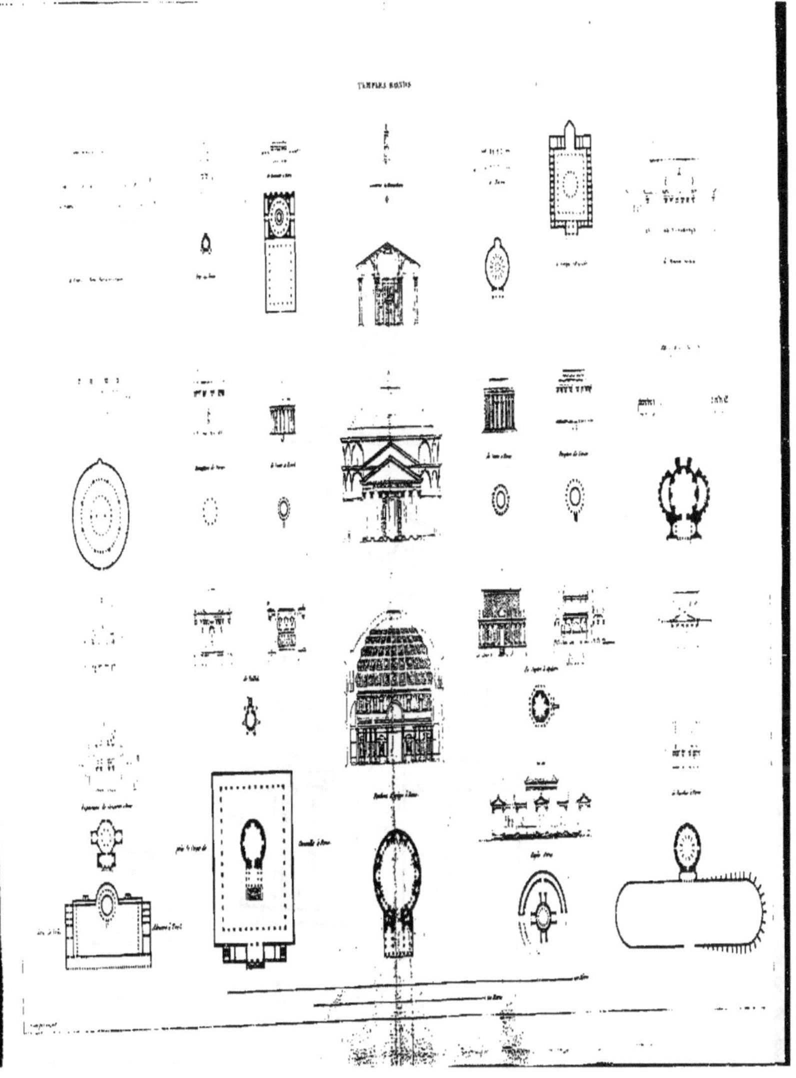
TEMPLES RONDS

TEMPLES ROMAINS

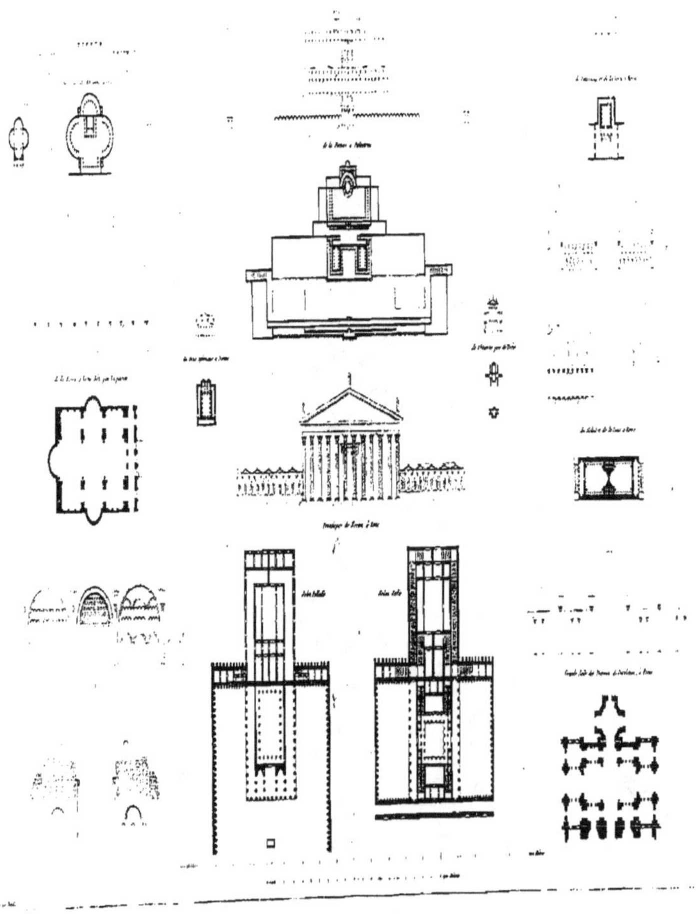

TEMPLES DU SOLEIL À BALBEK, ANCIENNEMENT HÉLIOPOLIS,

AU PIED DE L'ANTI-LIBAN EN SYRIE.

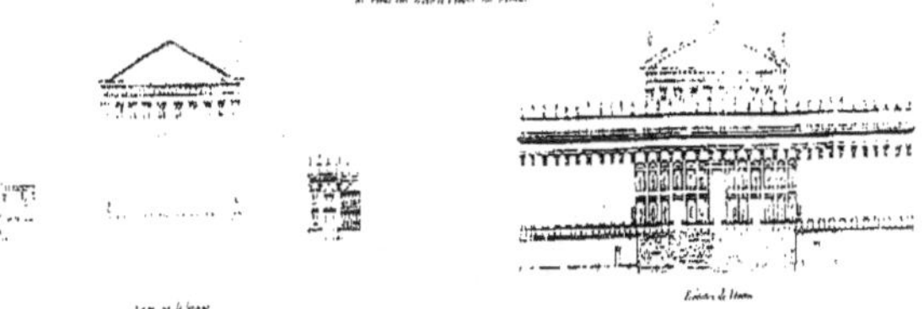

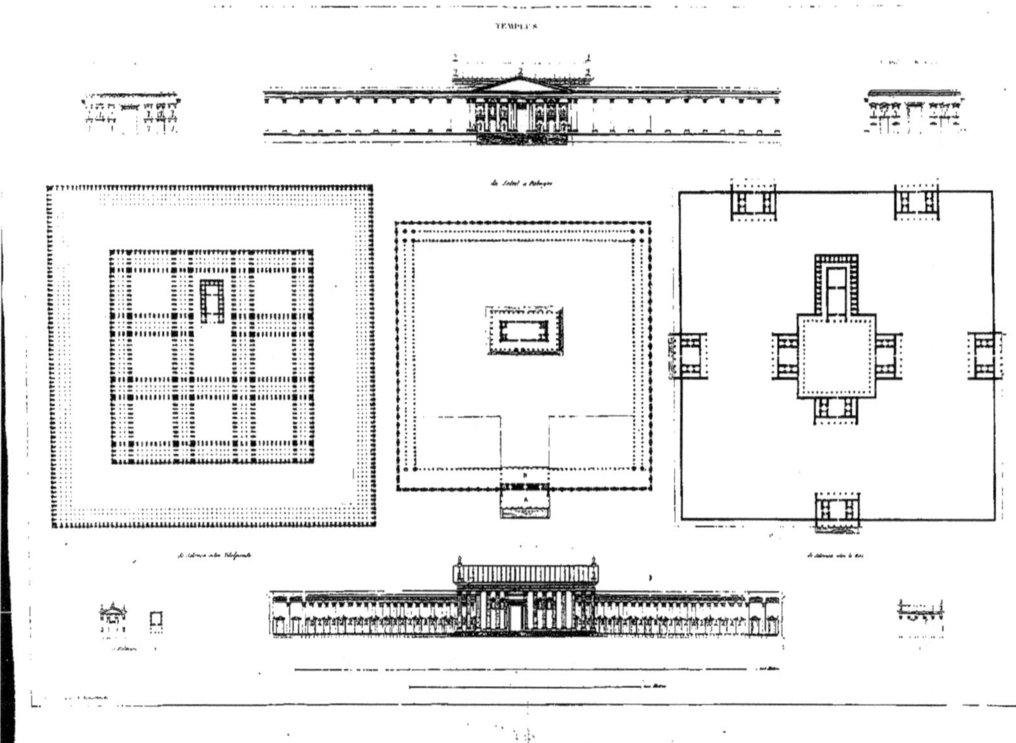
TEMPLES

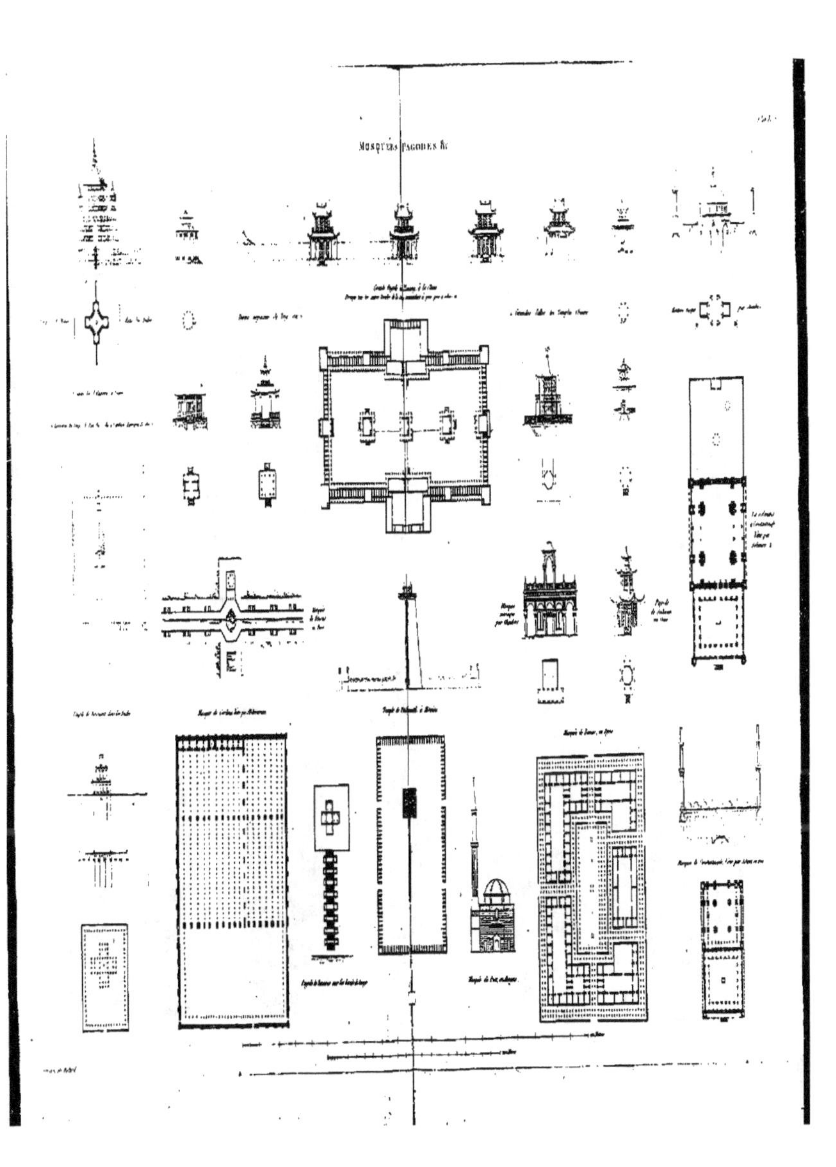

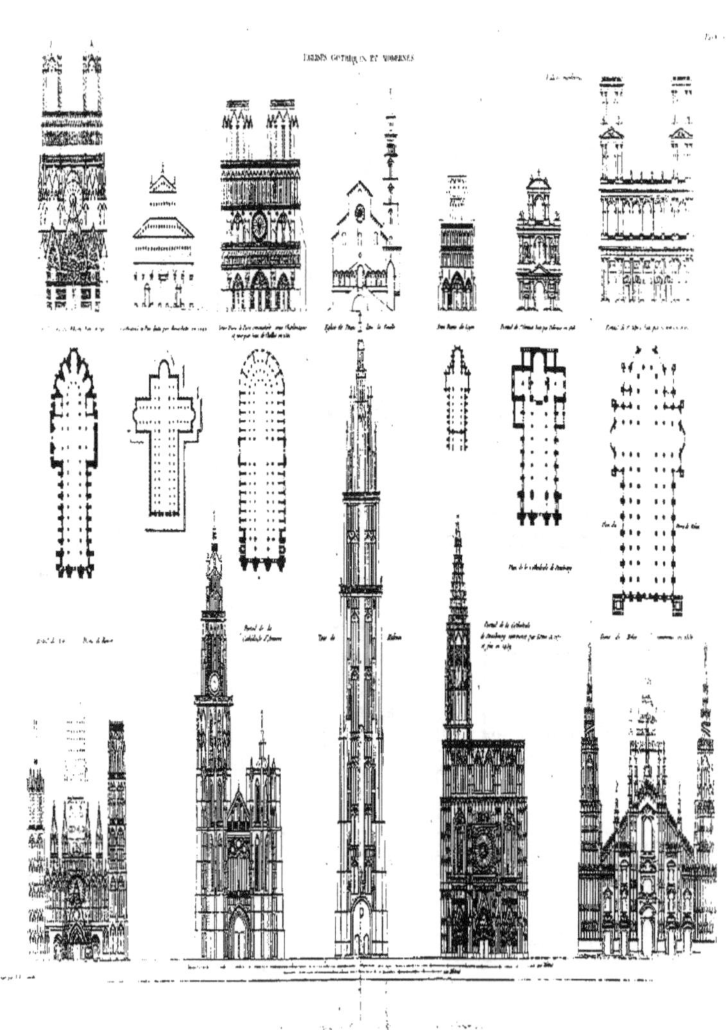

ÉGLISES, DÔMES

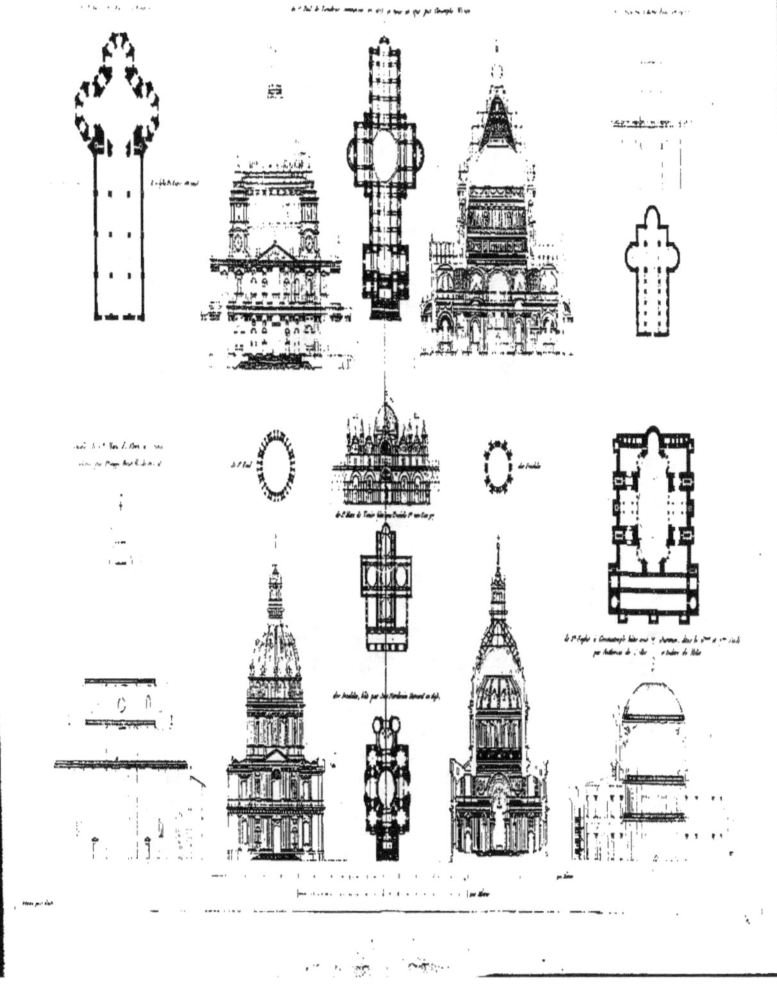

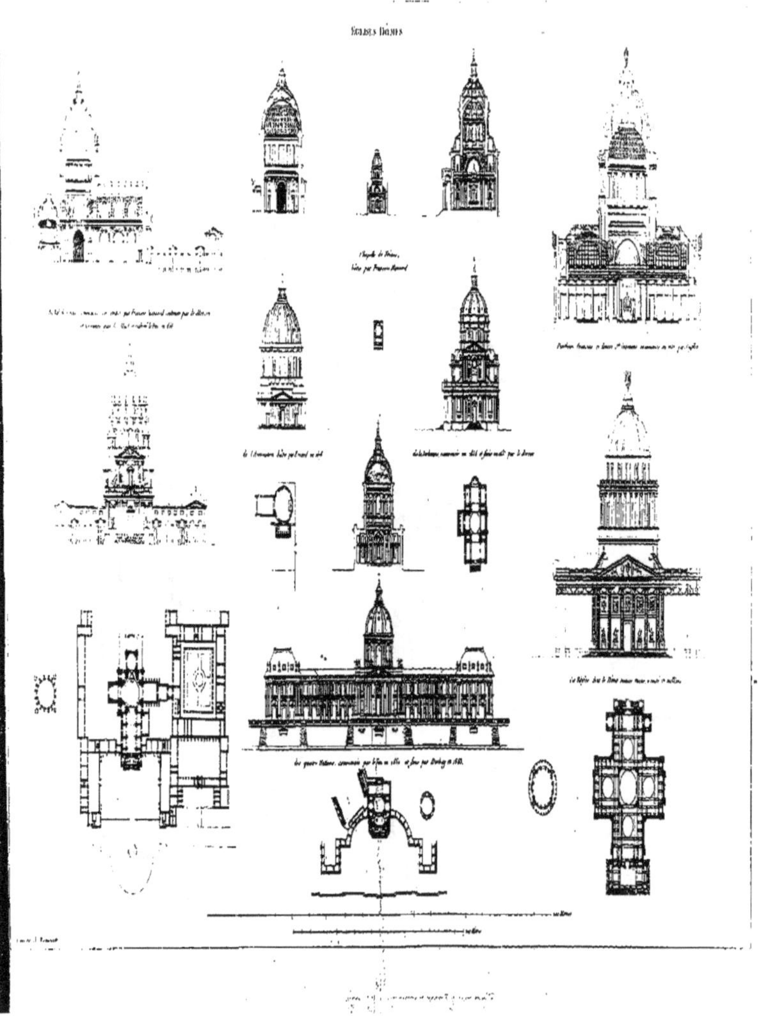

PLANS DE S^T PIERRE DE ROME

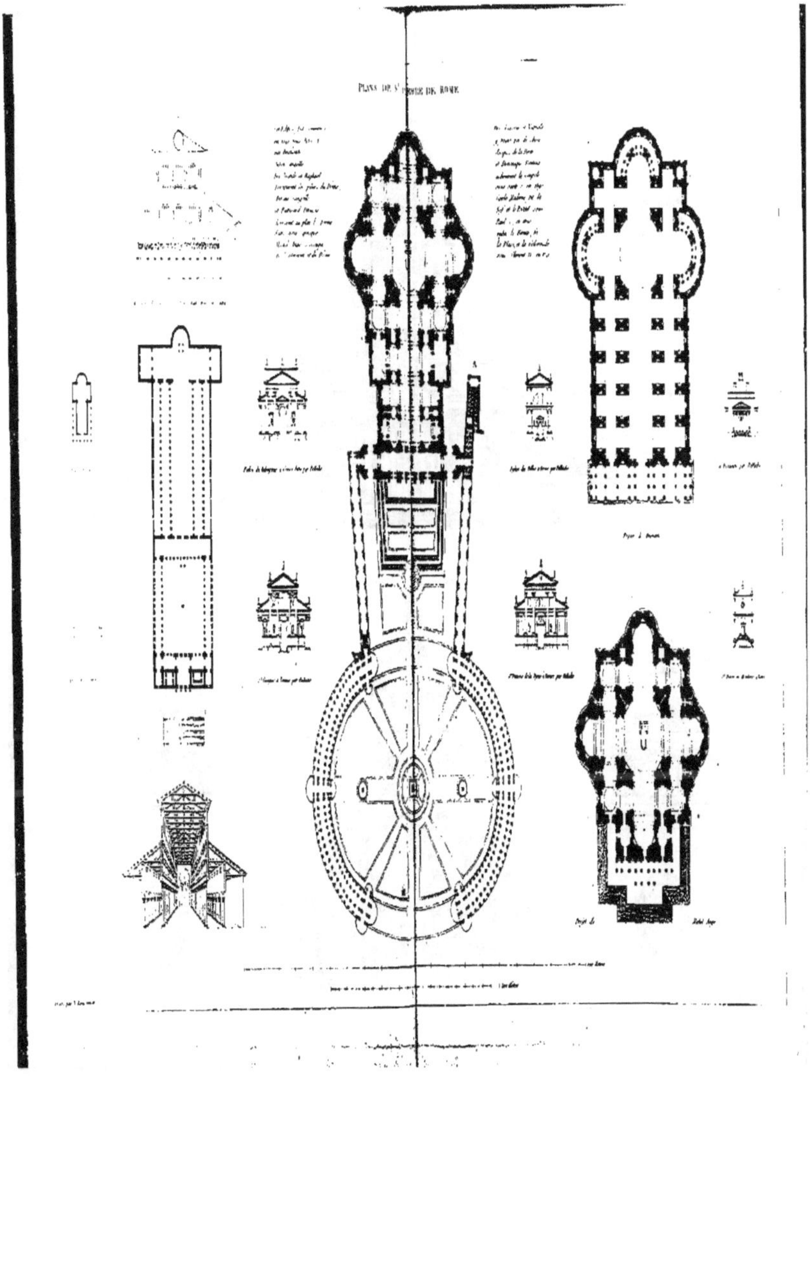

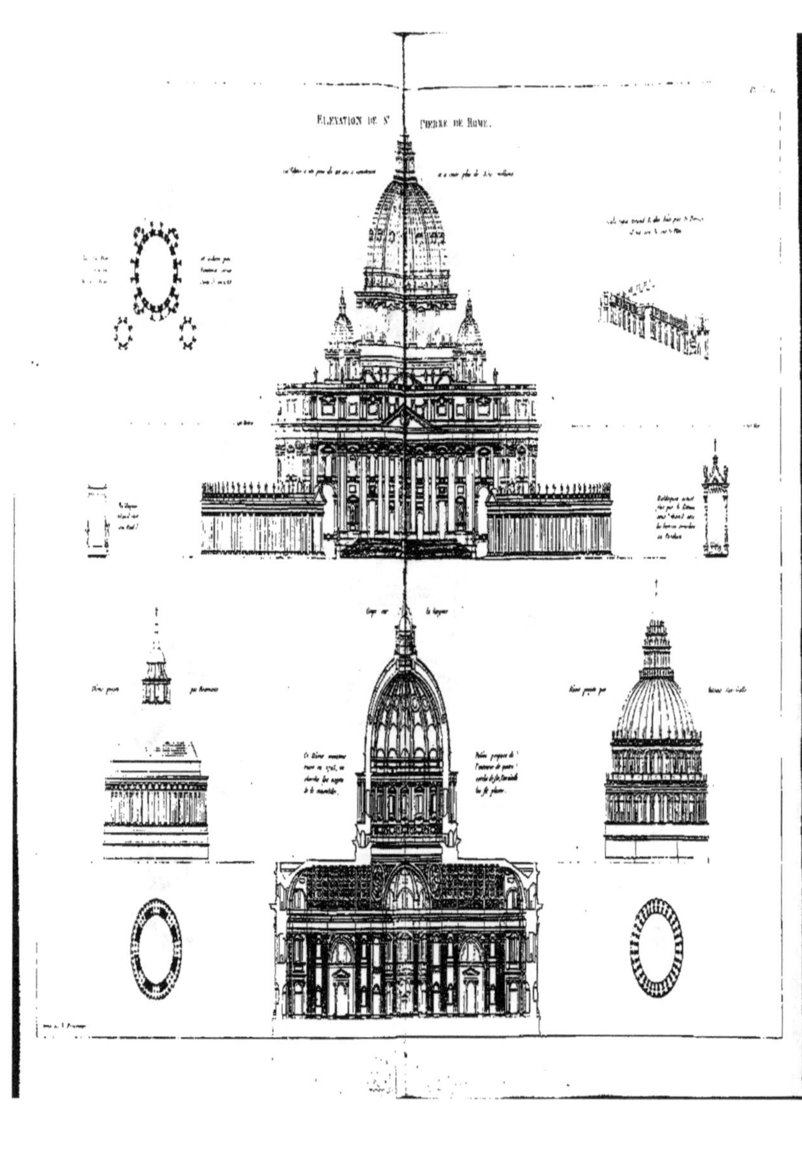
ELEVATION DE ST PIERRE DE ROME.

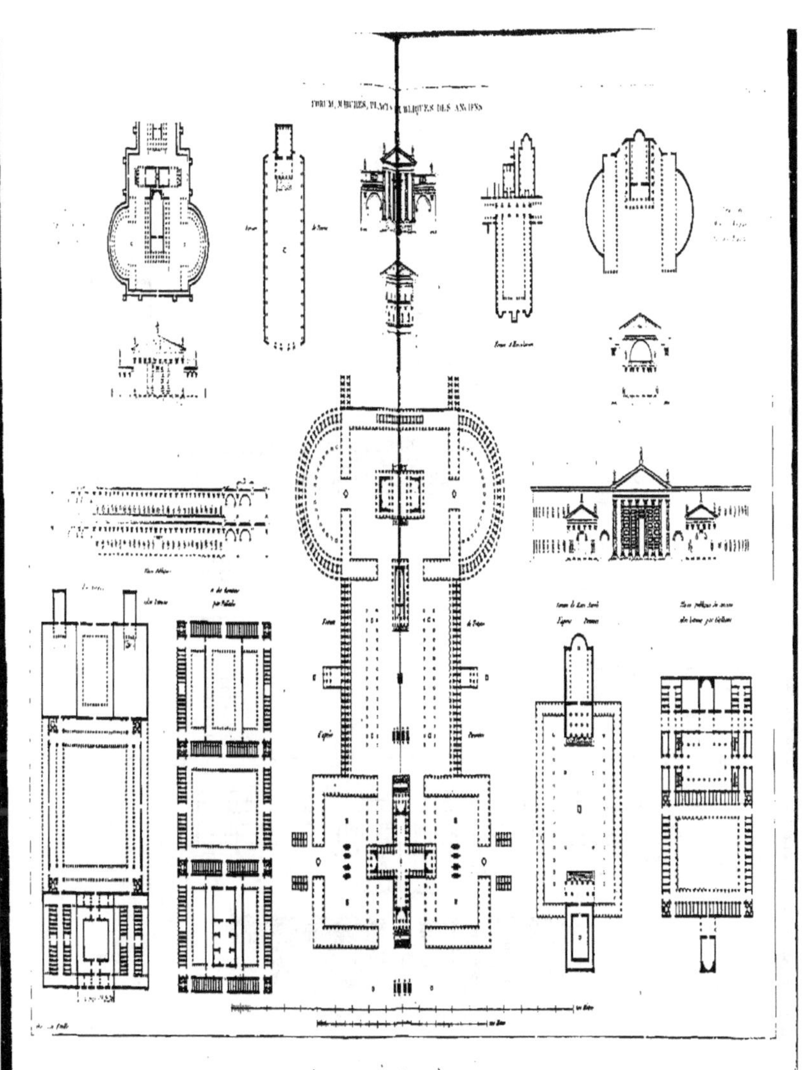
FORUM, MARCHÉS, PLACES PUBLIQUES DES ANCIENS

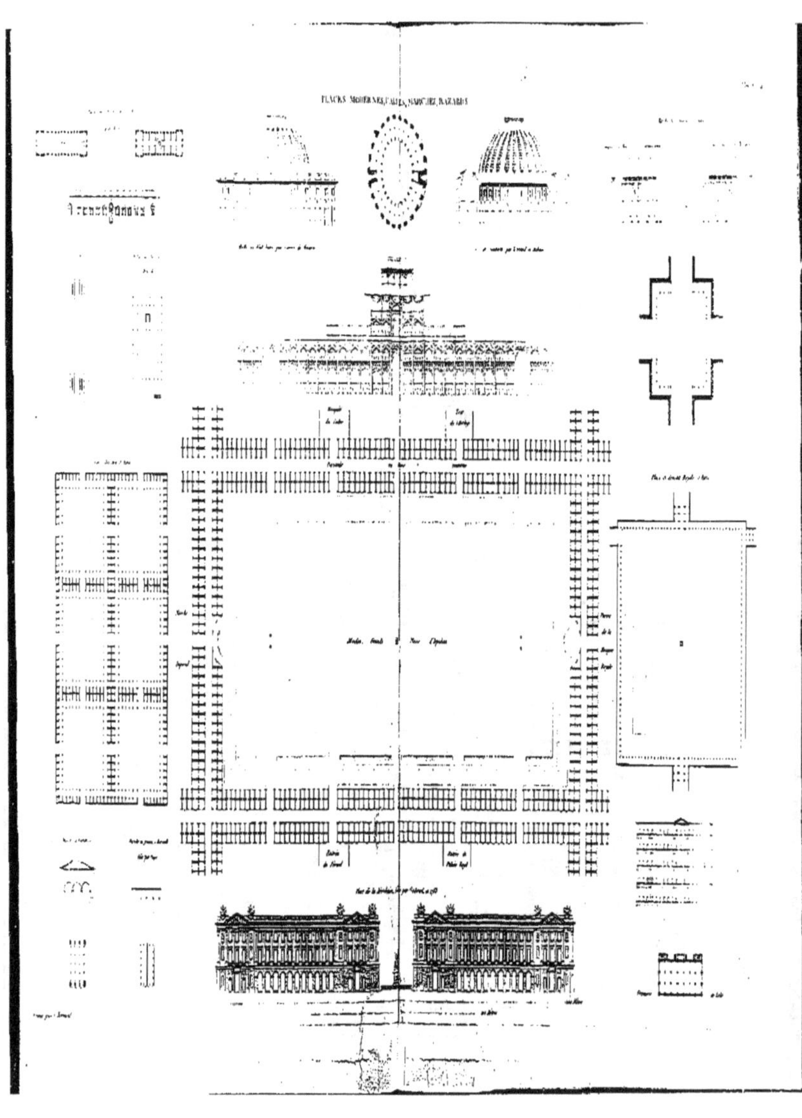
PLACES MODERNES, HALLES, MARCHÉS, BAZARDS

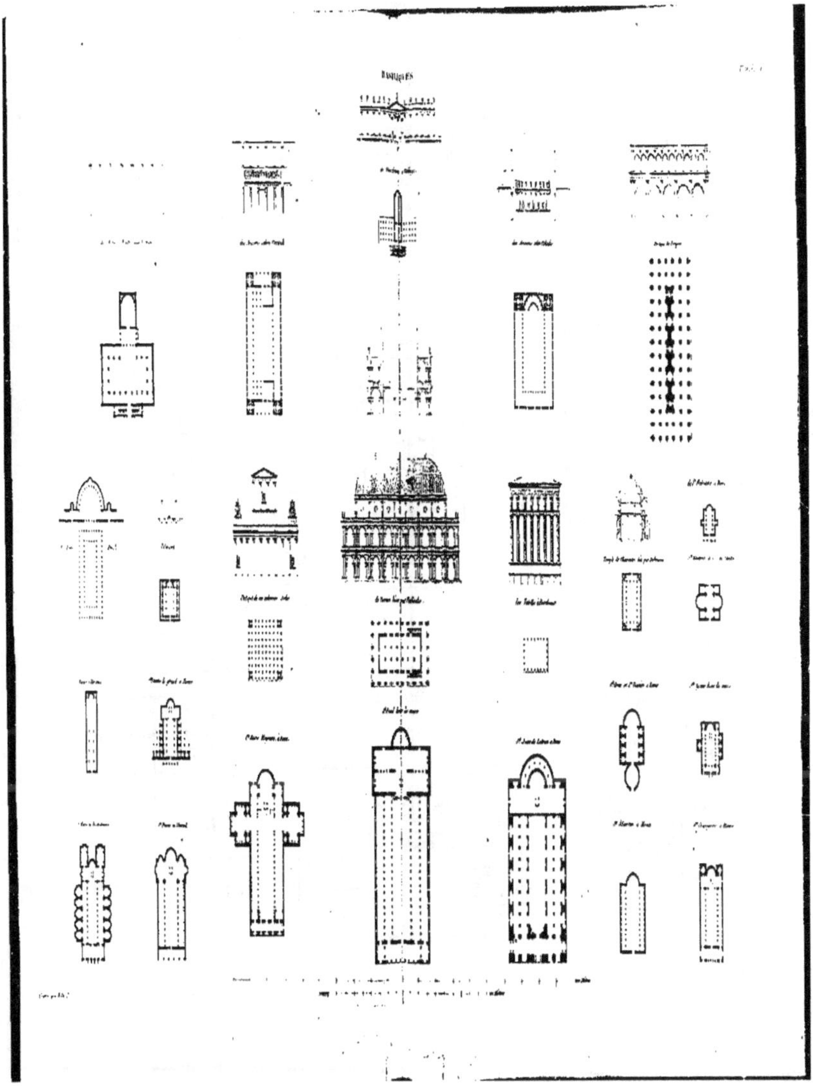

BASILIQUES

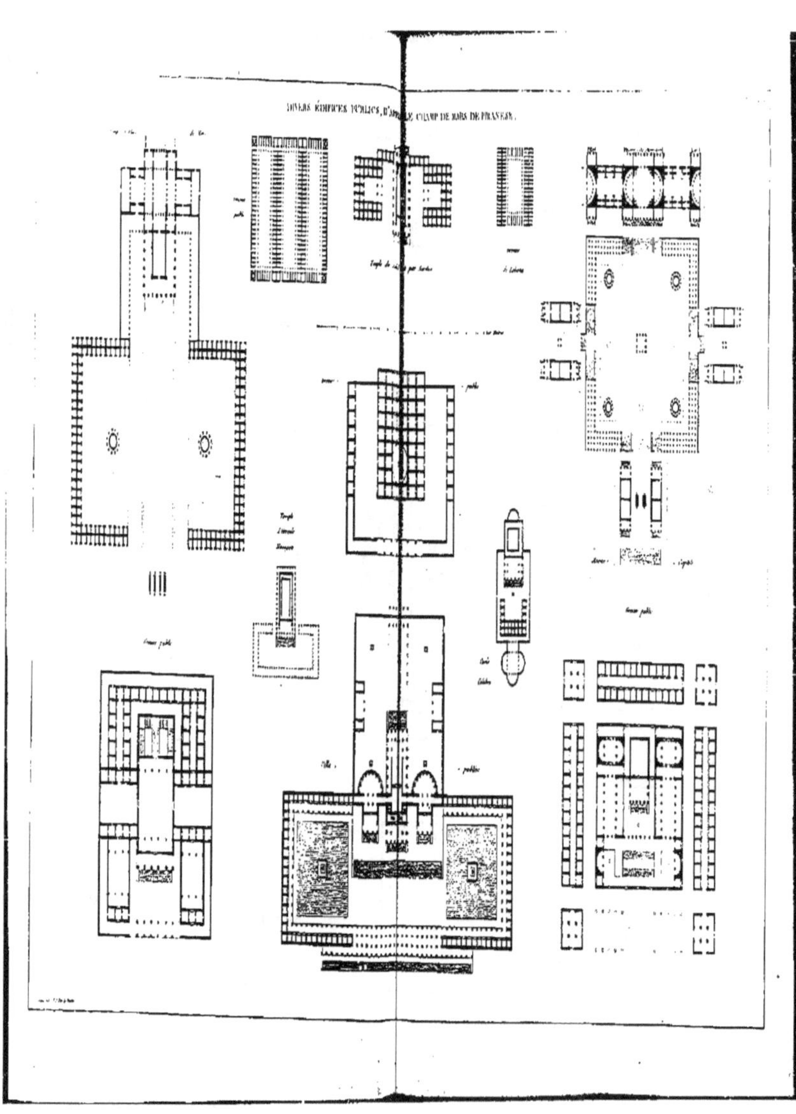
DIVERS ÉDIFICES PUBLICS, D'APRÈS LE CHAMP DE MARS DE PIRANESI.

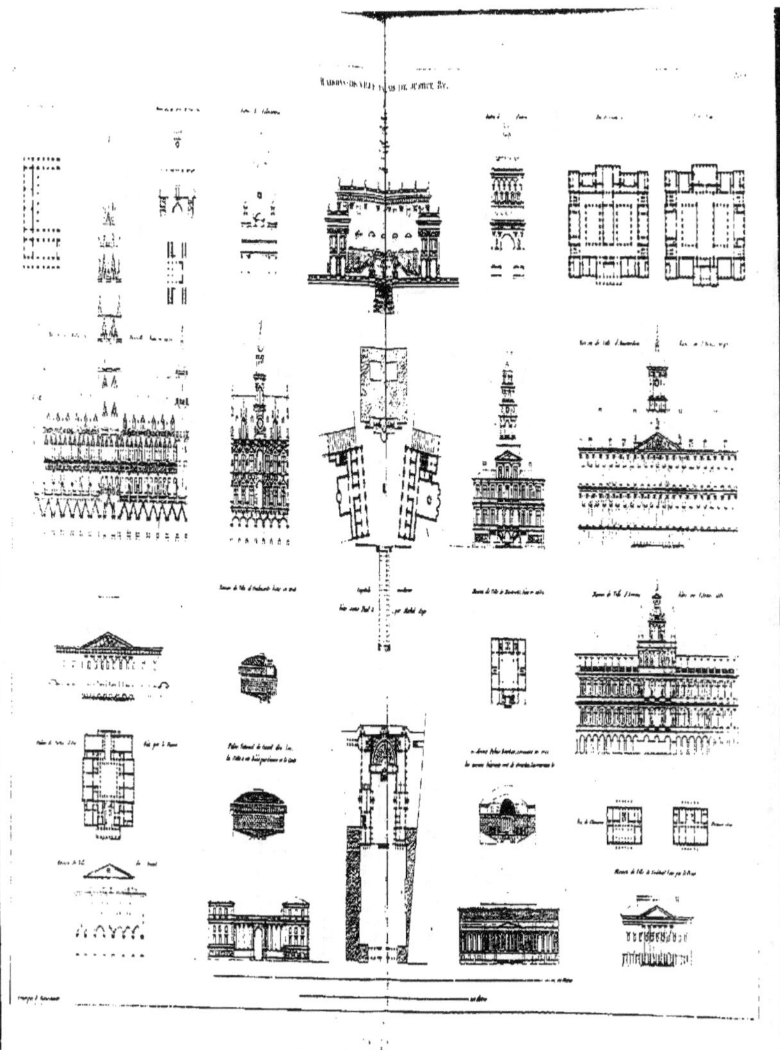

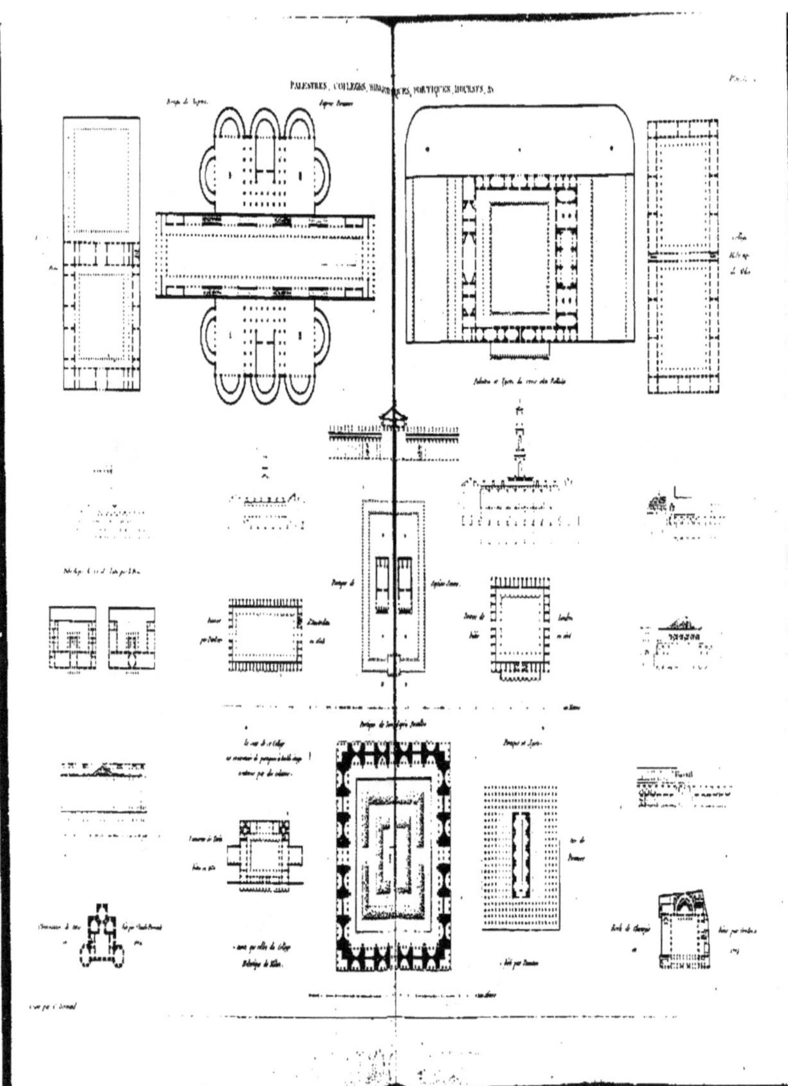
PALESTRES, COLLÈGES, BIBLIOTHÈQUES, PORTIQUES, LYCÉES, &c.

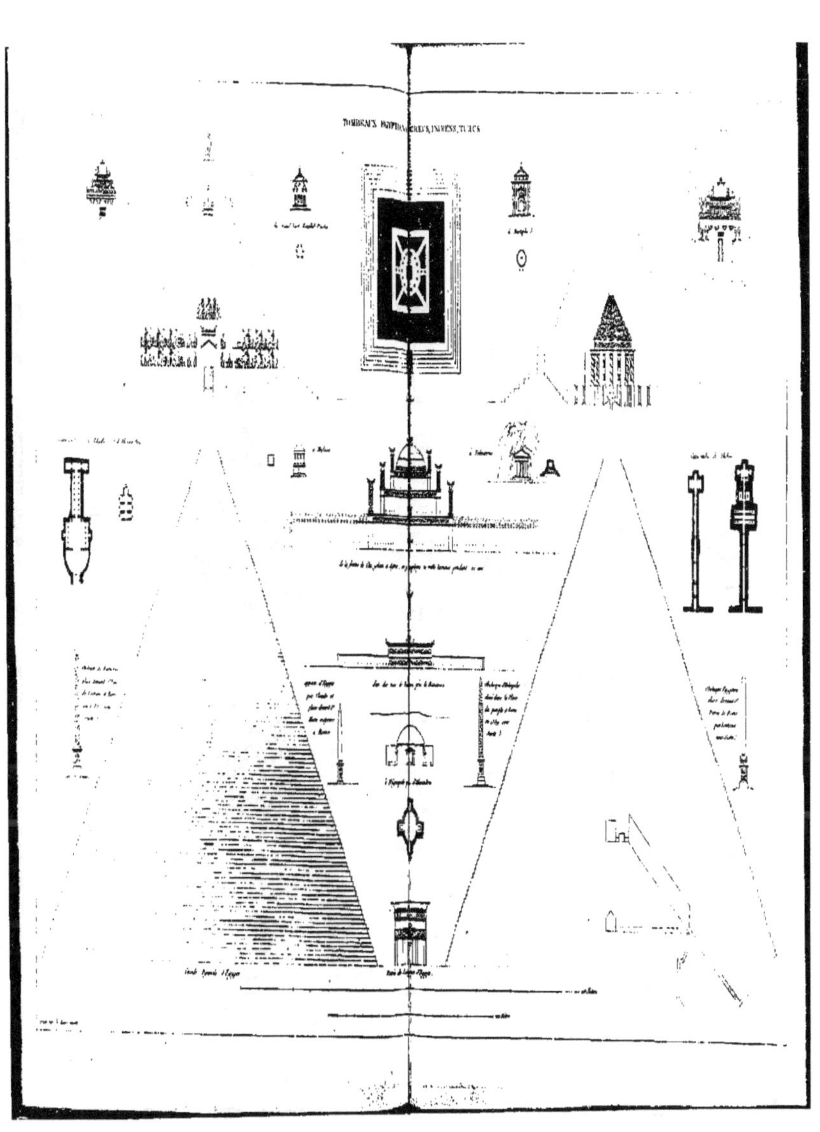
TOMBEAUX EGYPTIENS, GRECS, INDIENS, TURCS

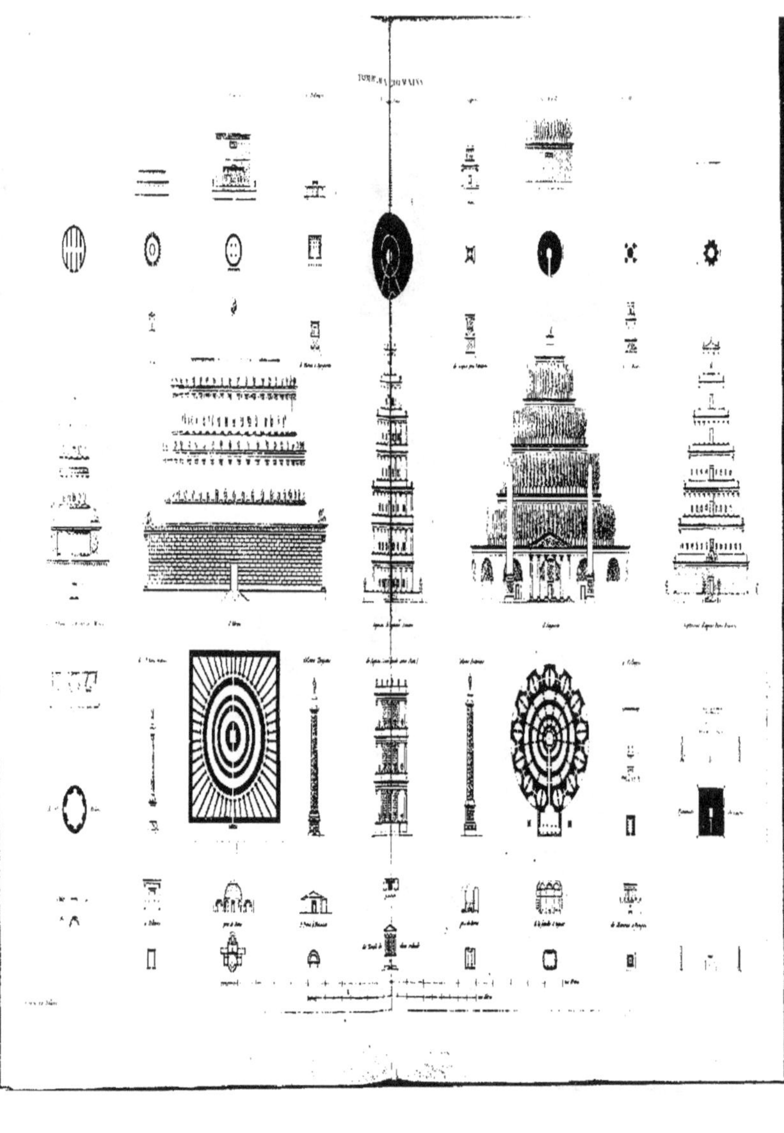
TOMBEAUX ROMAINS

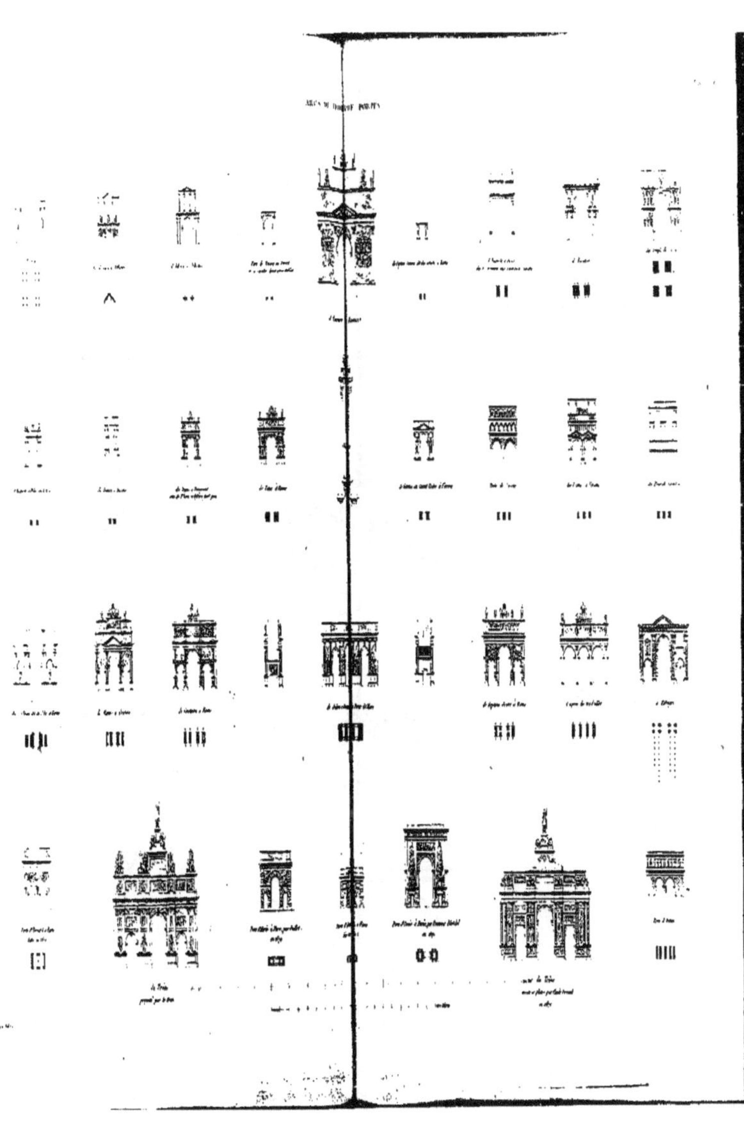

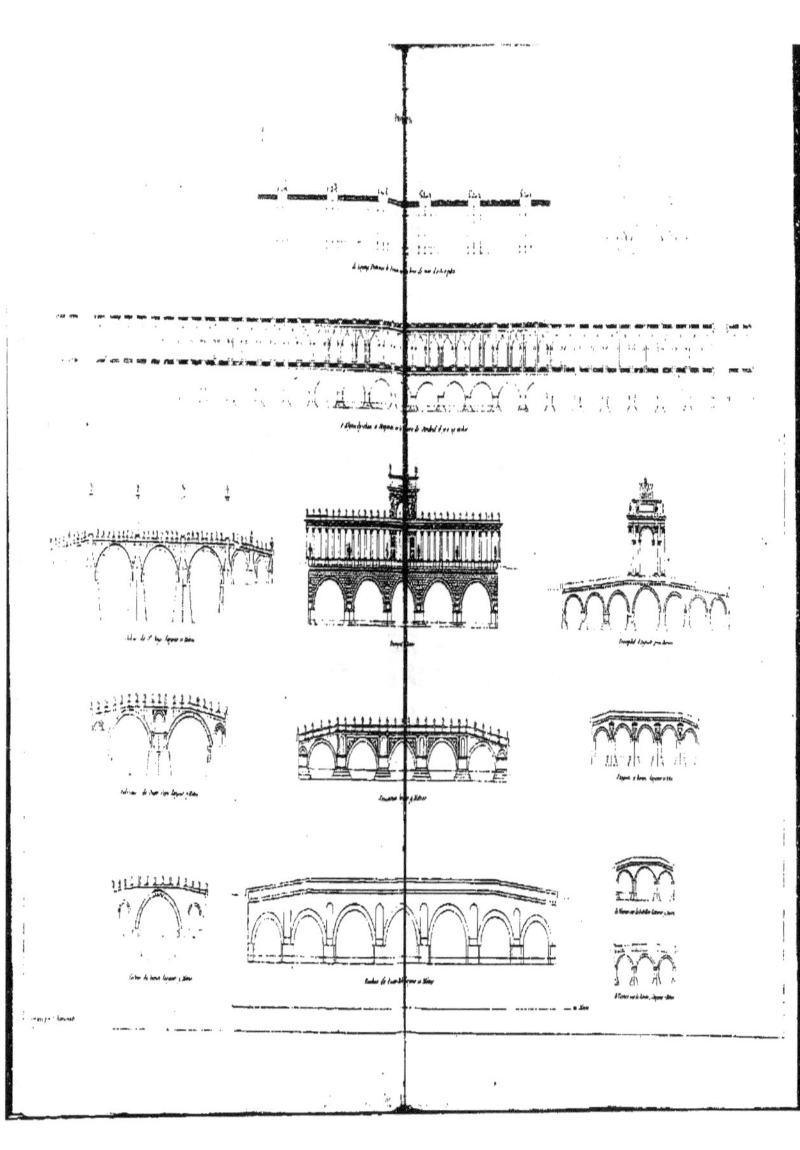

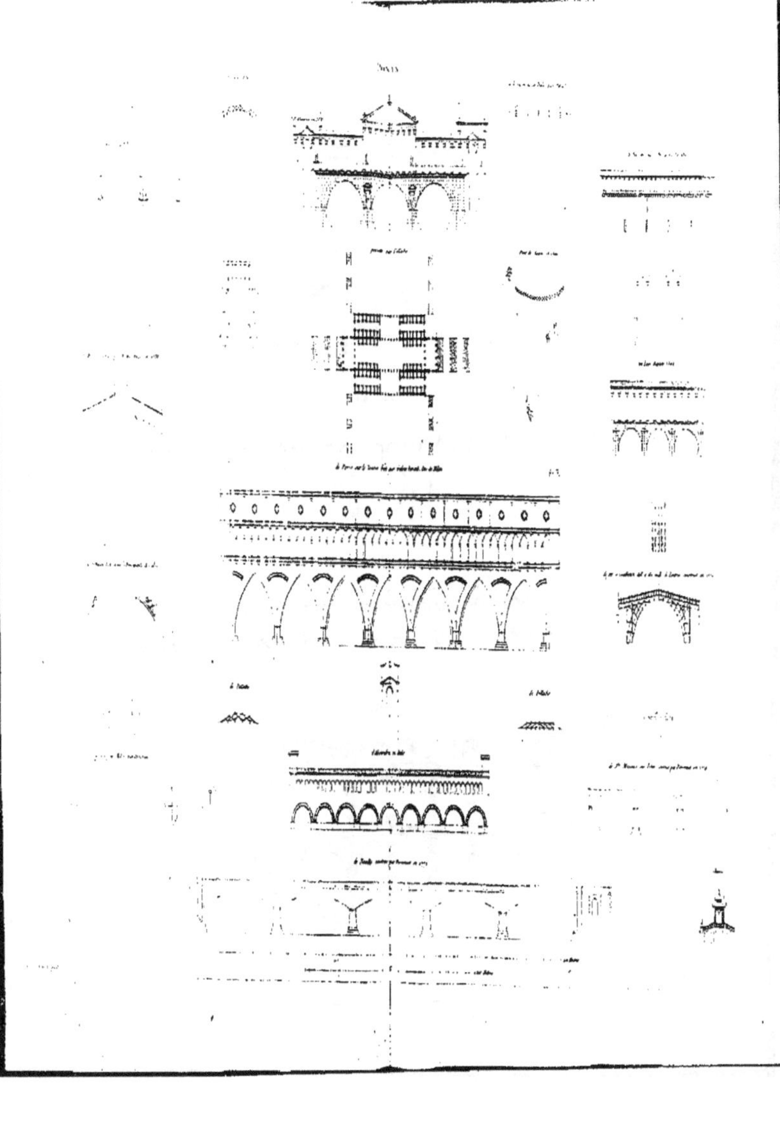

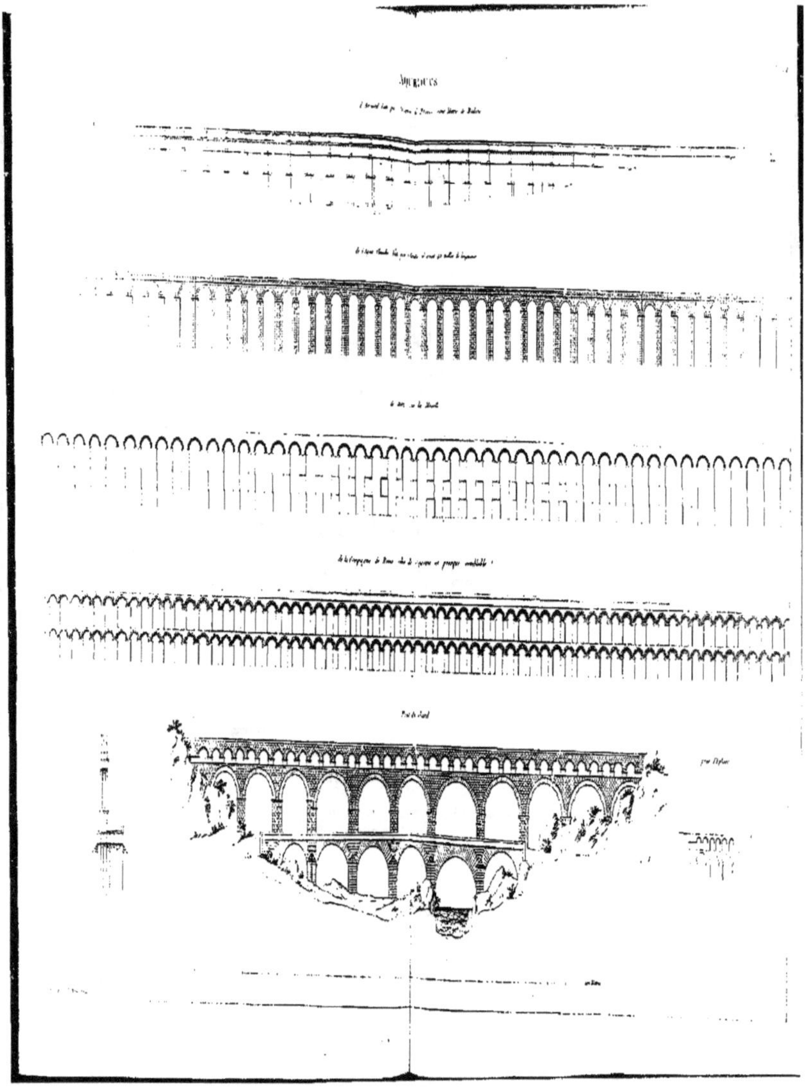

Aqueducs

Pont du Gard

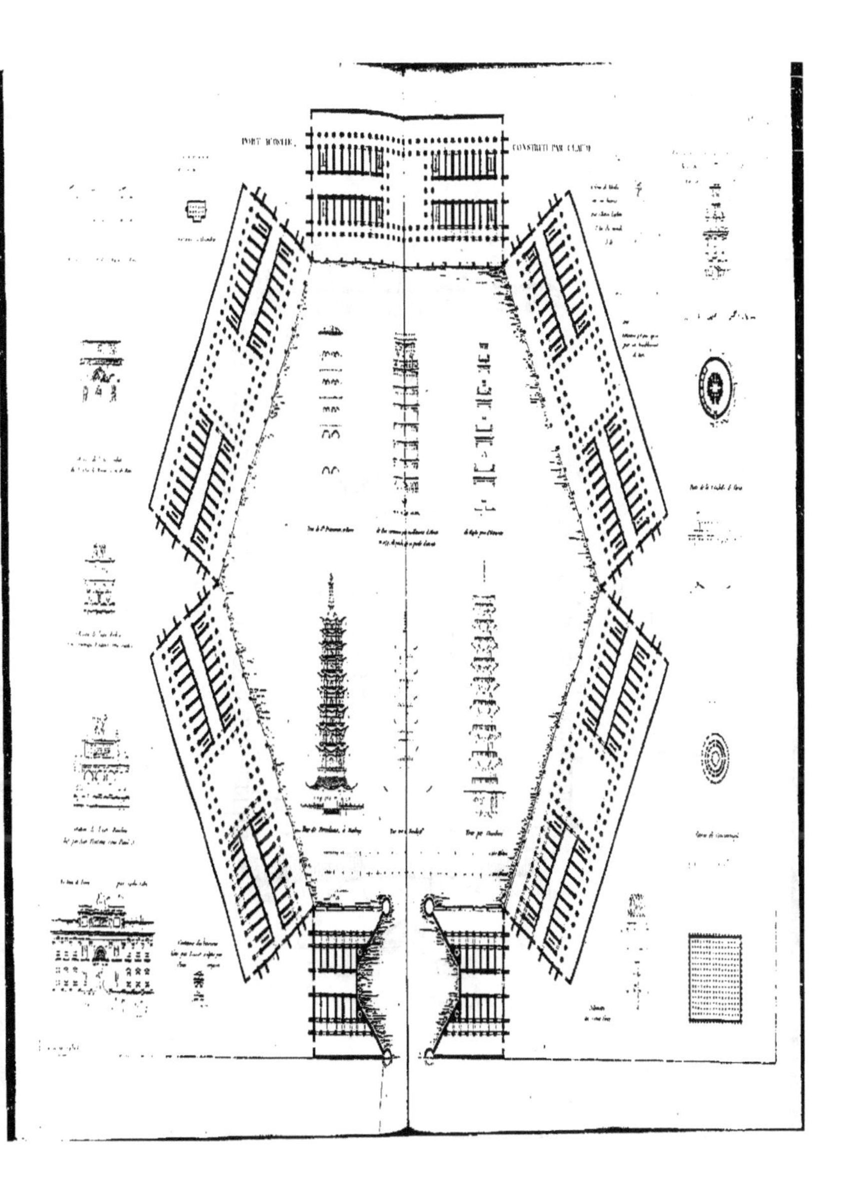
PORT D'OSTIE, CONSTRUIT PAR CLAUDE

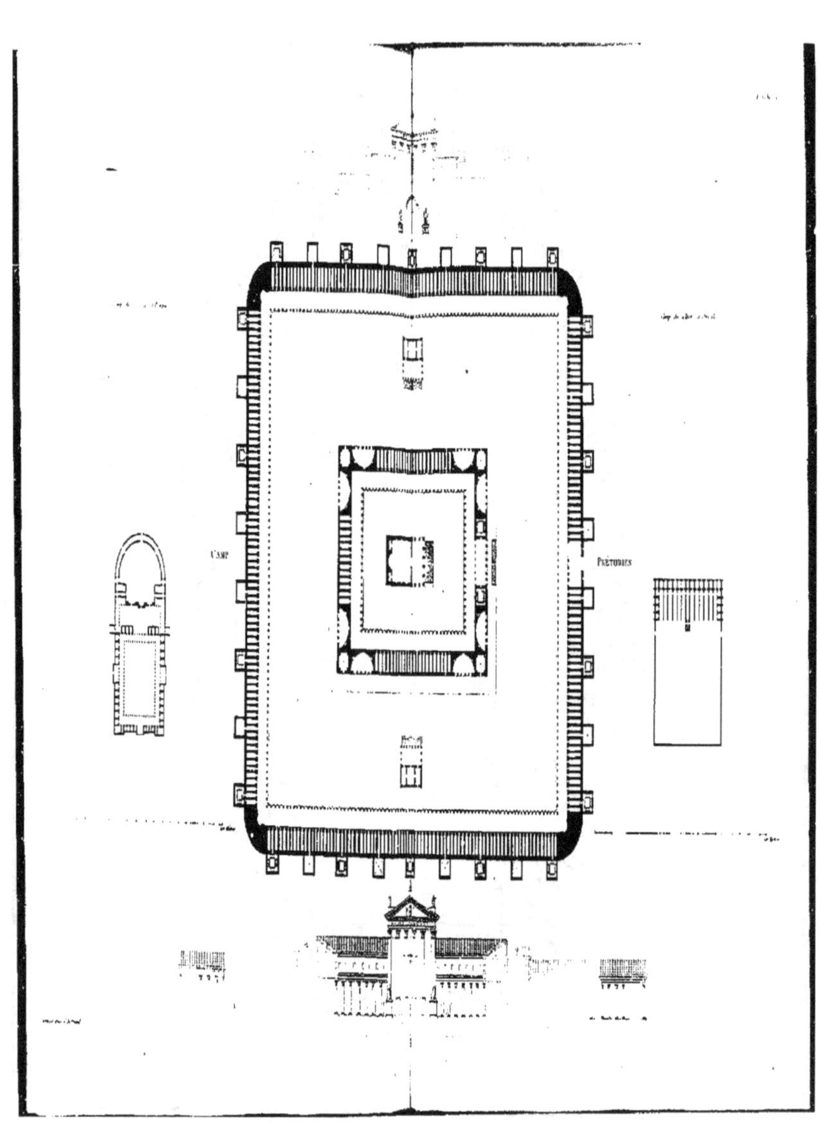
CAMP
PRÉTORIEN

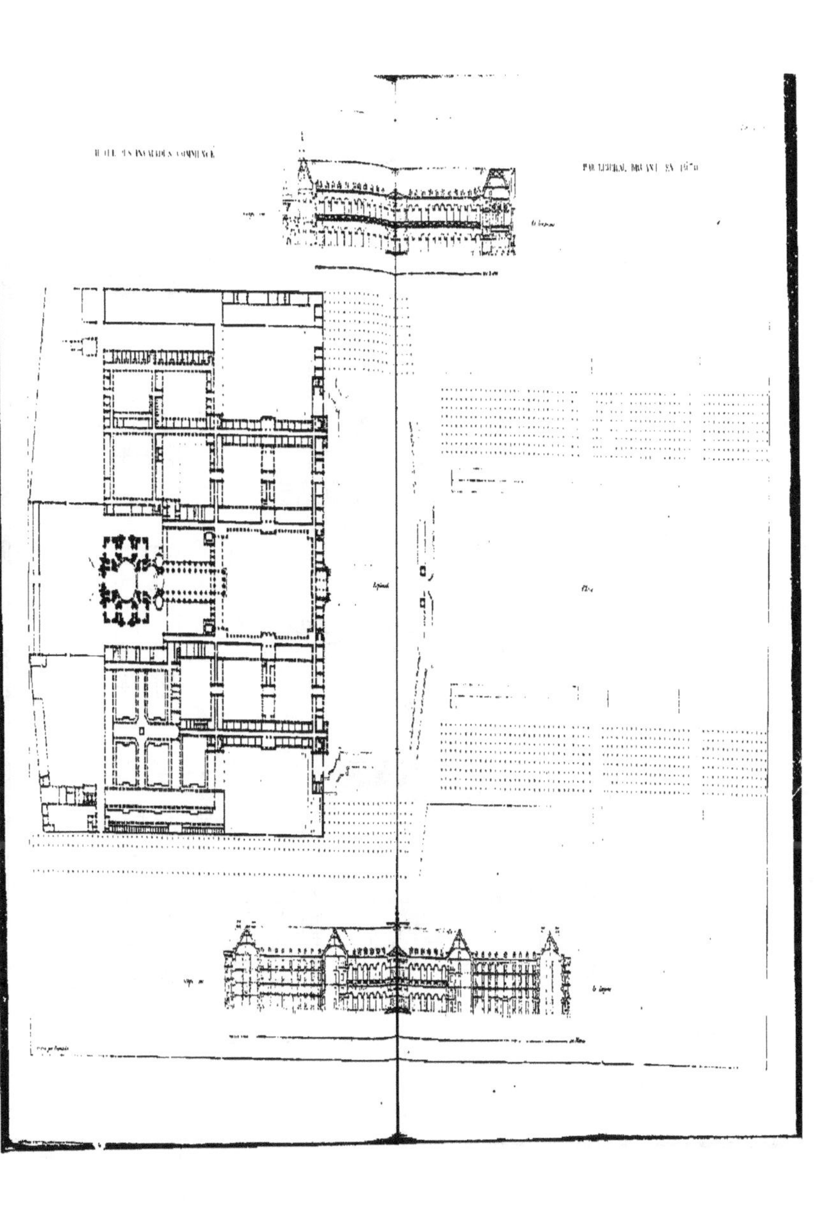

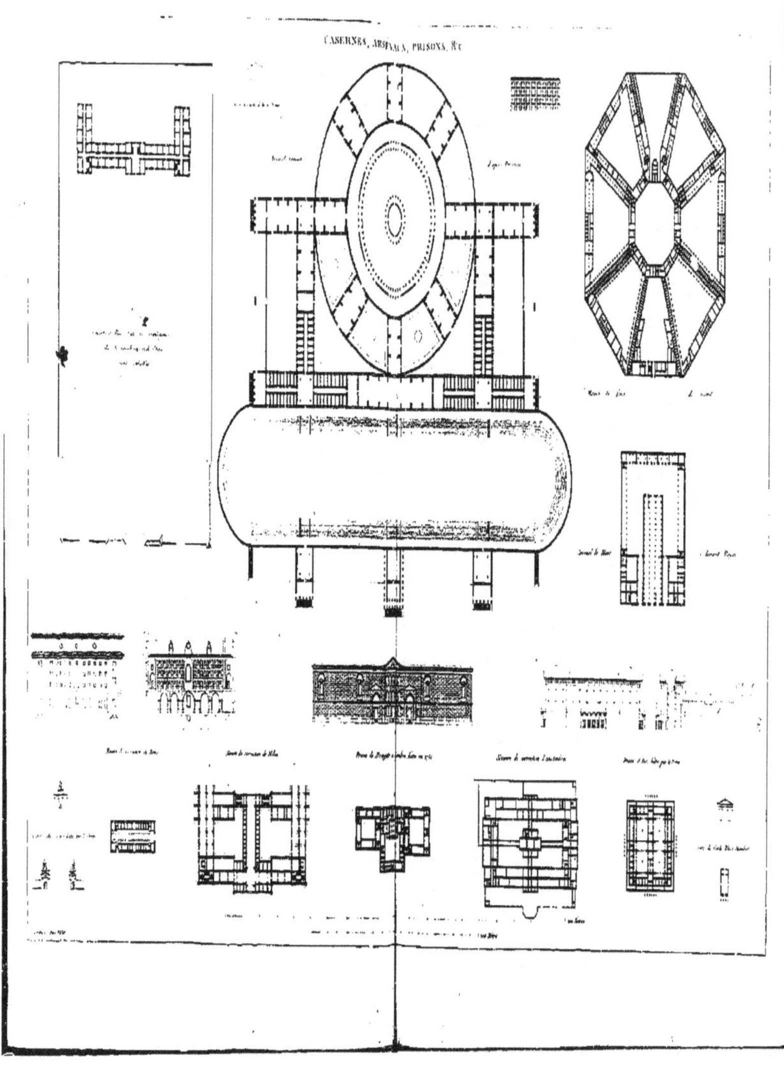
CASERNES, ARSENAUX, PRISONS, &c.

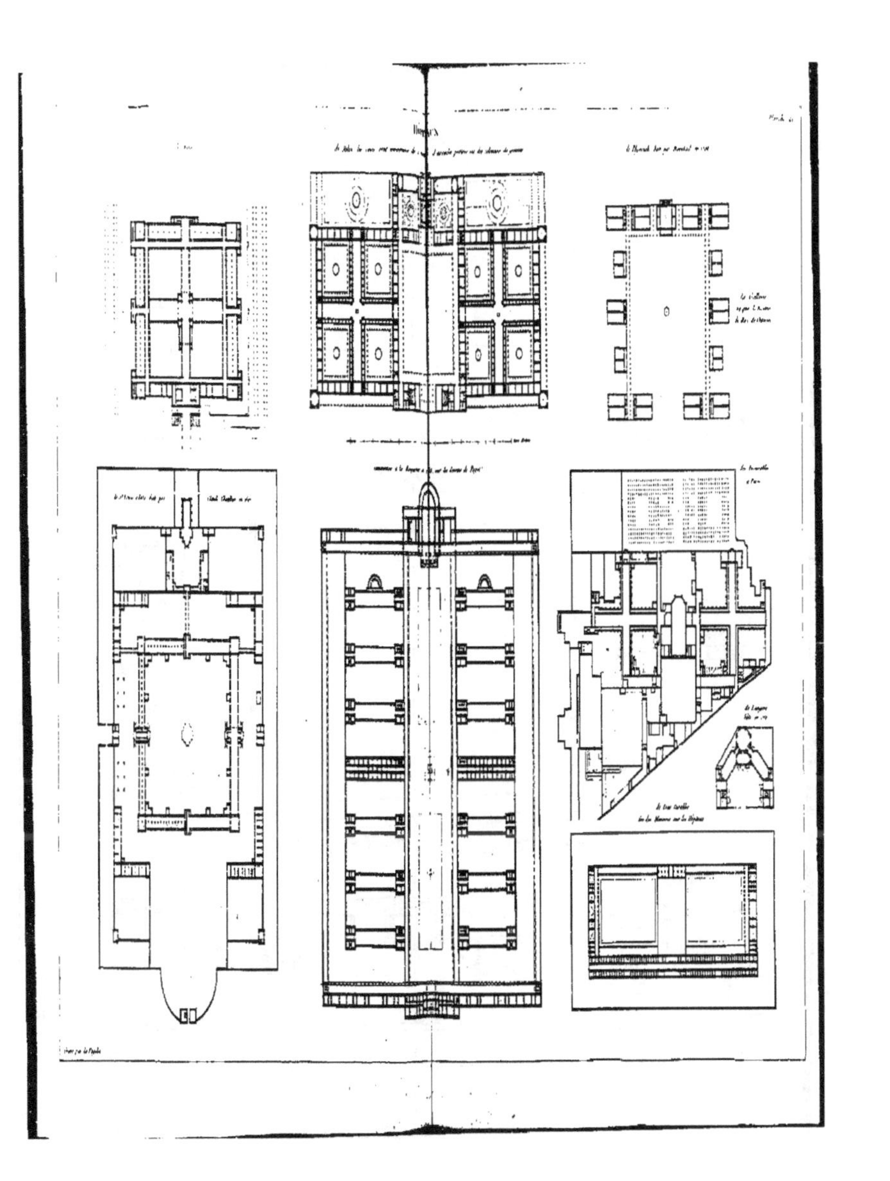

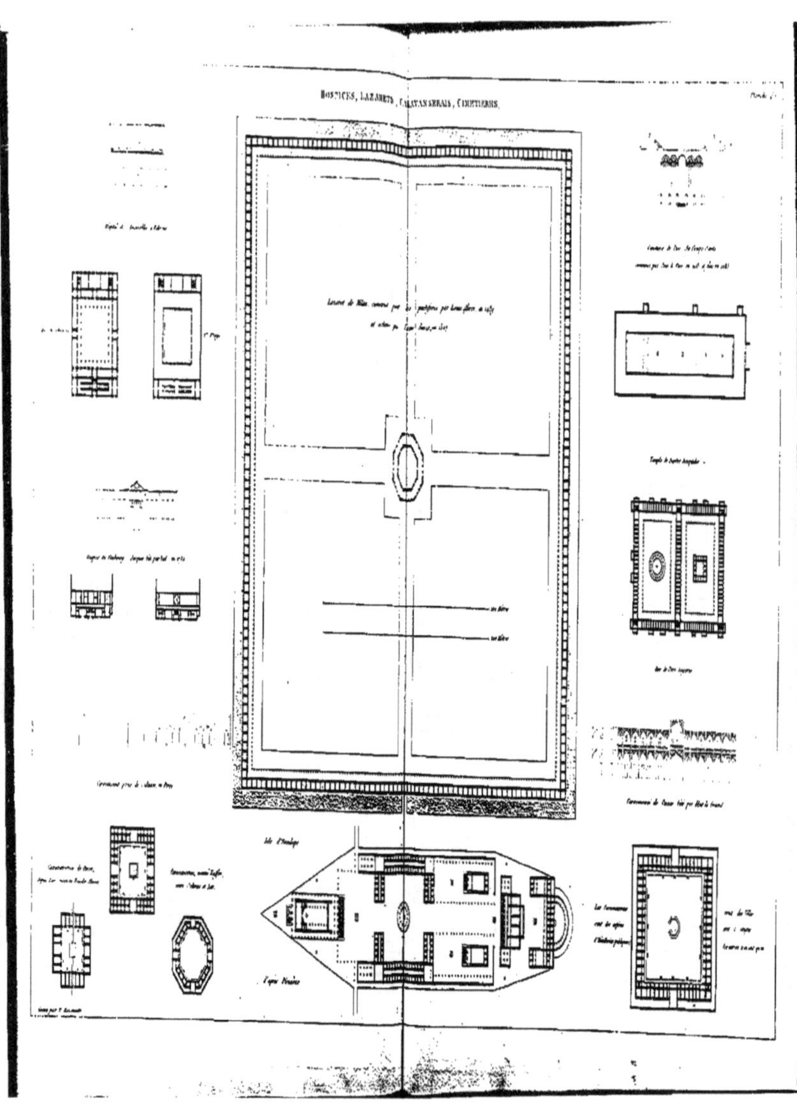
HOSPICES, LAZARETS, CARAVANSERAILS, CIMETIERES

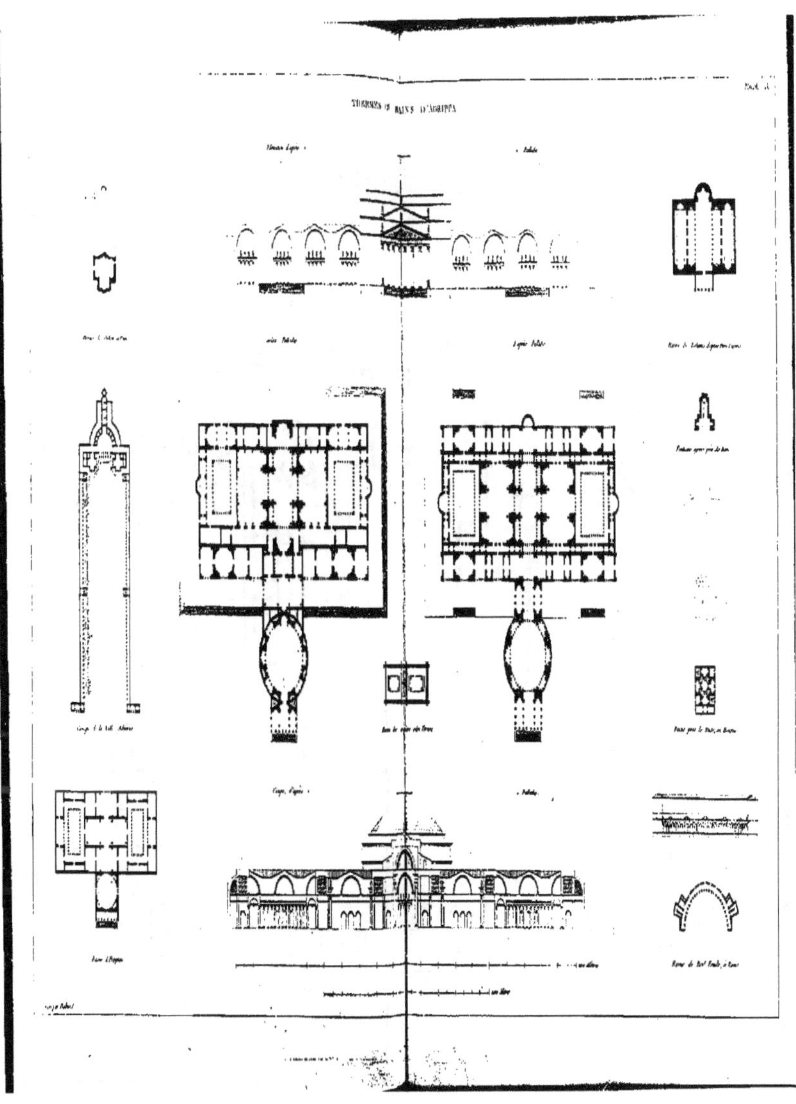
THERMES OU BAINS D'AGRIPPA

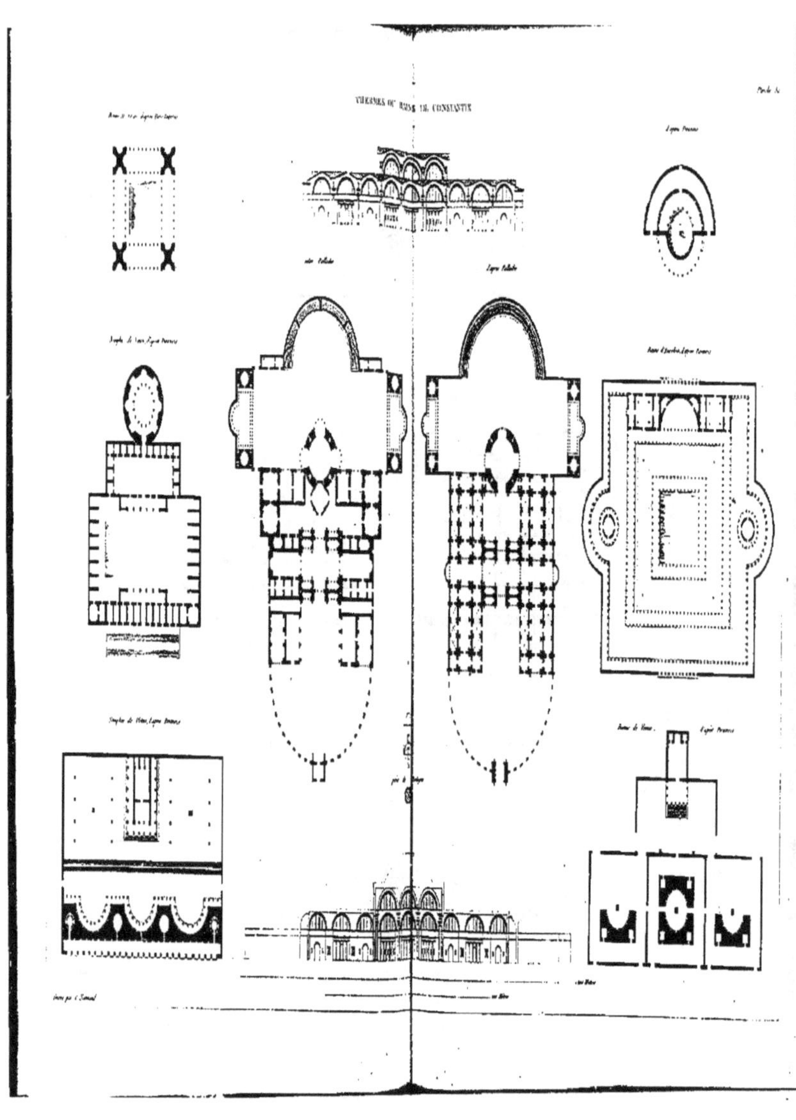

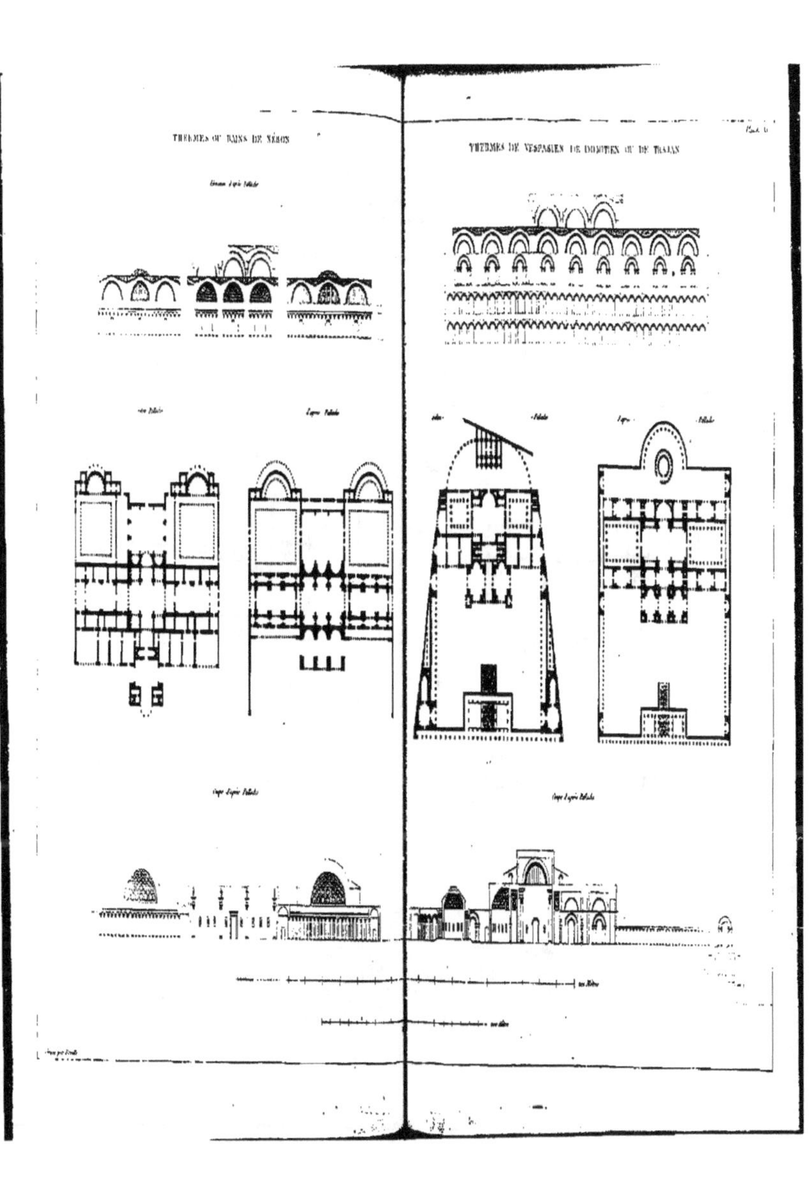
THERMES OU BAINS DE NÉRON
THERMES DE VESPASIEN DE DOMITIEN OU DE TRAJAN

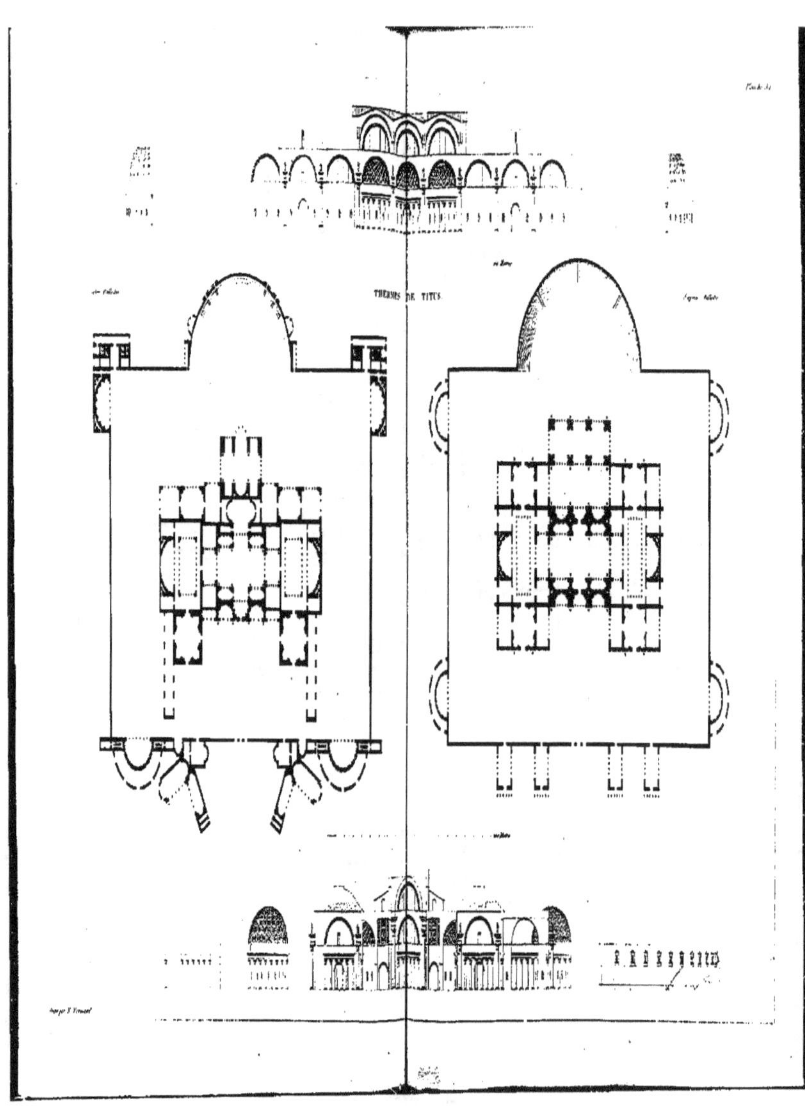
THERMES DE TITUS

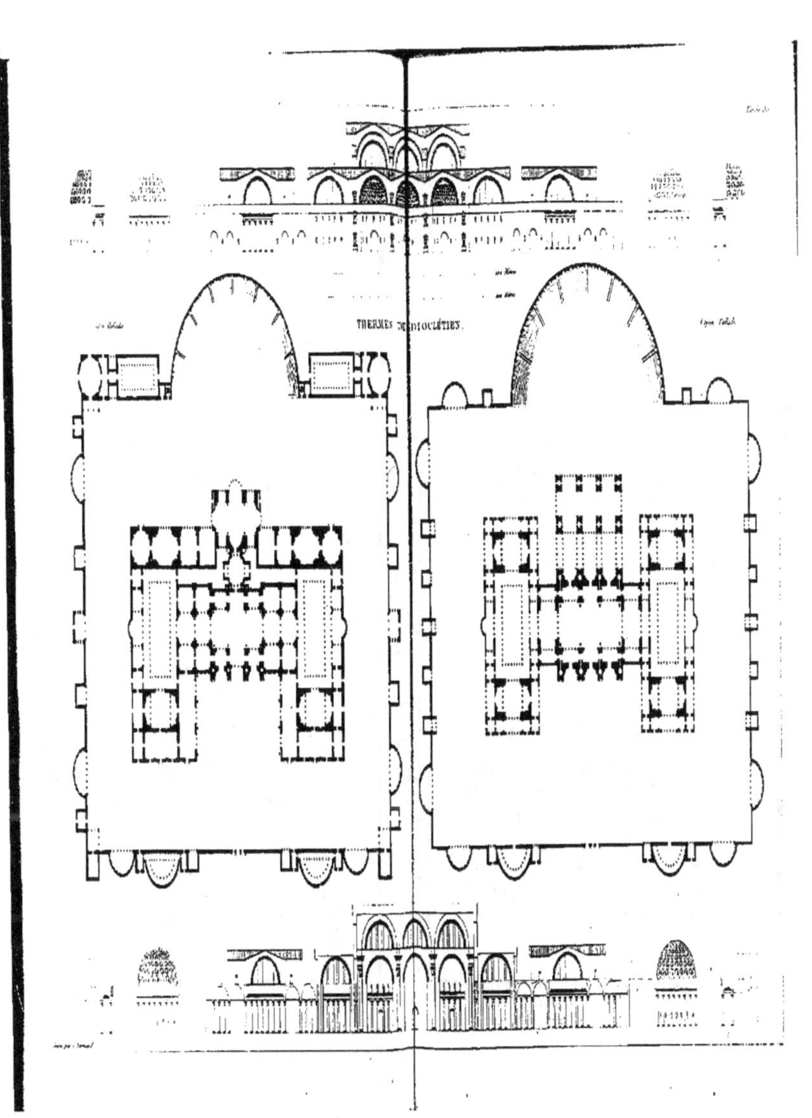
THERMES DE DIOCLÉTIEN.

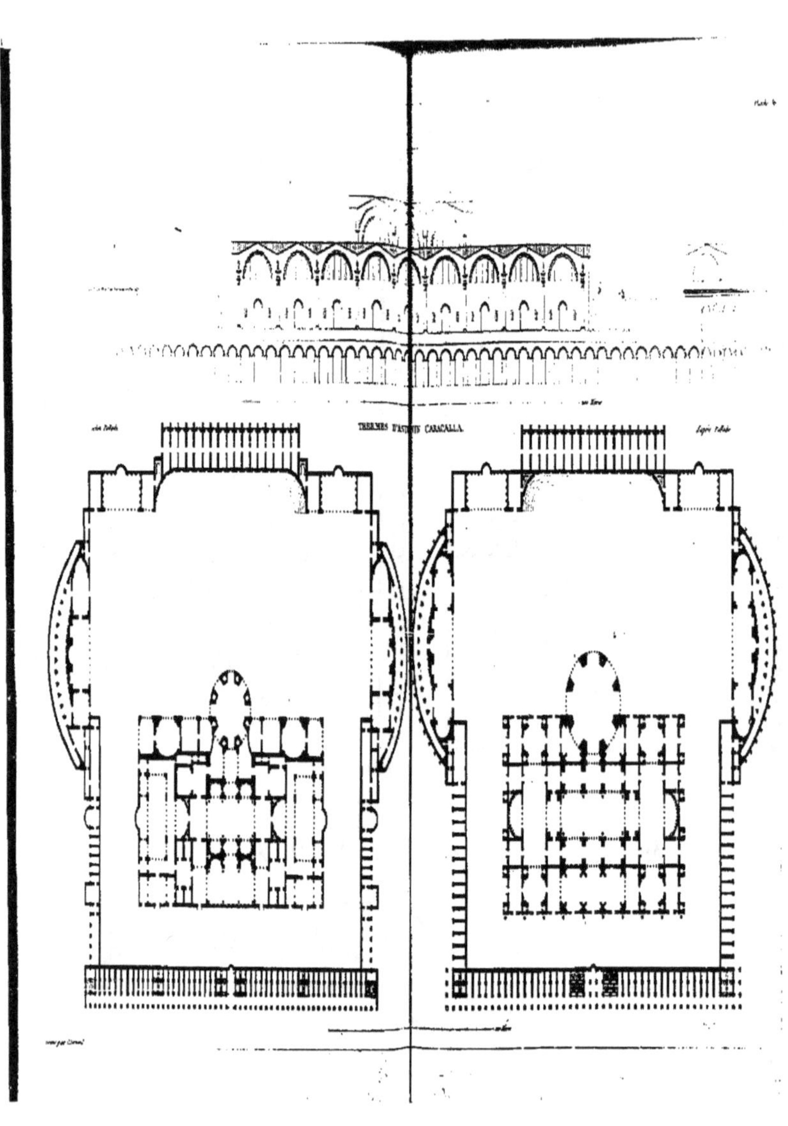
THERMES D'ANTONIN CARACALLA.

THÉATRES ANTIQUES.

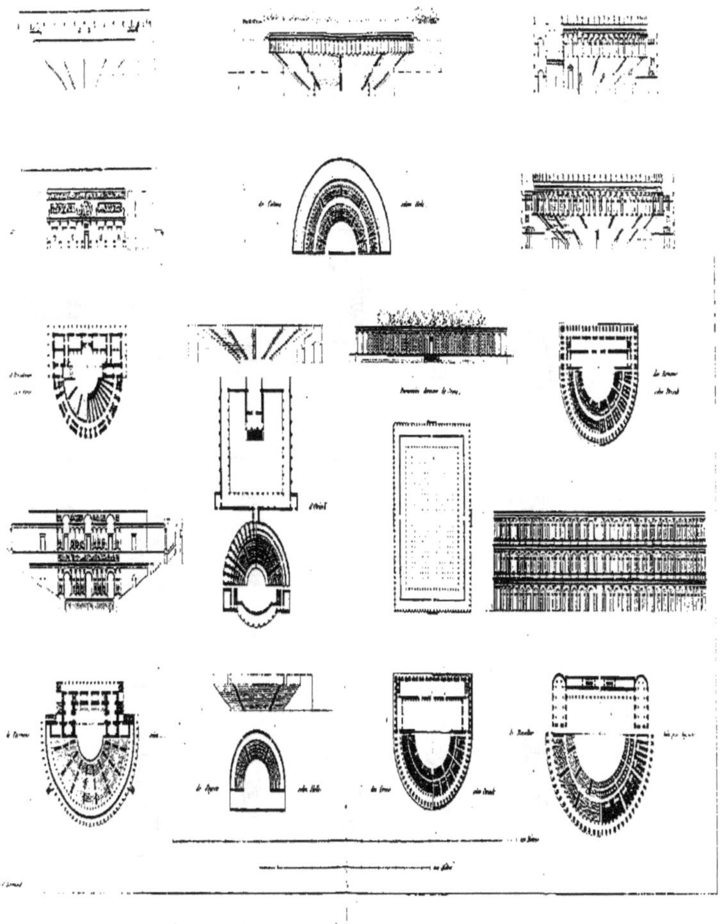

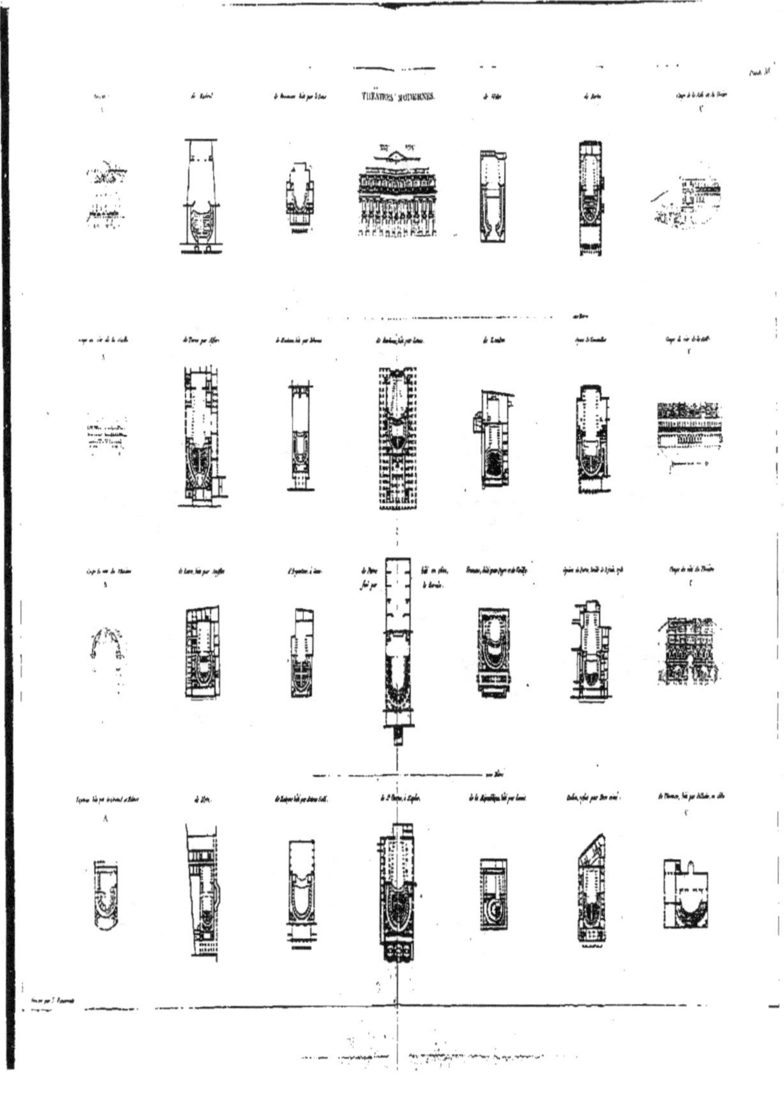

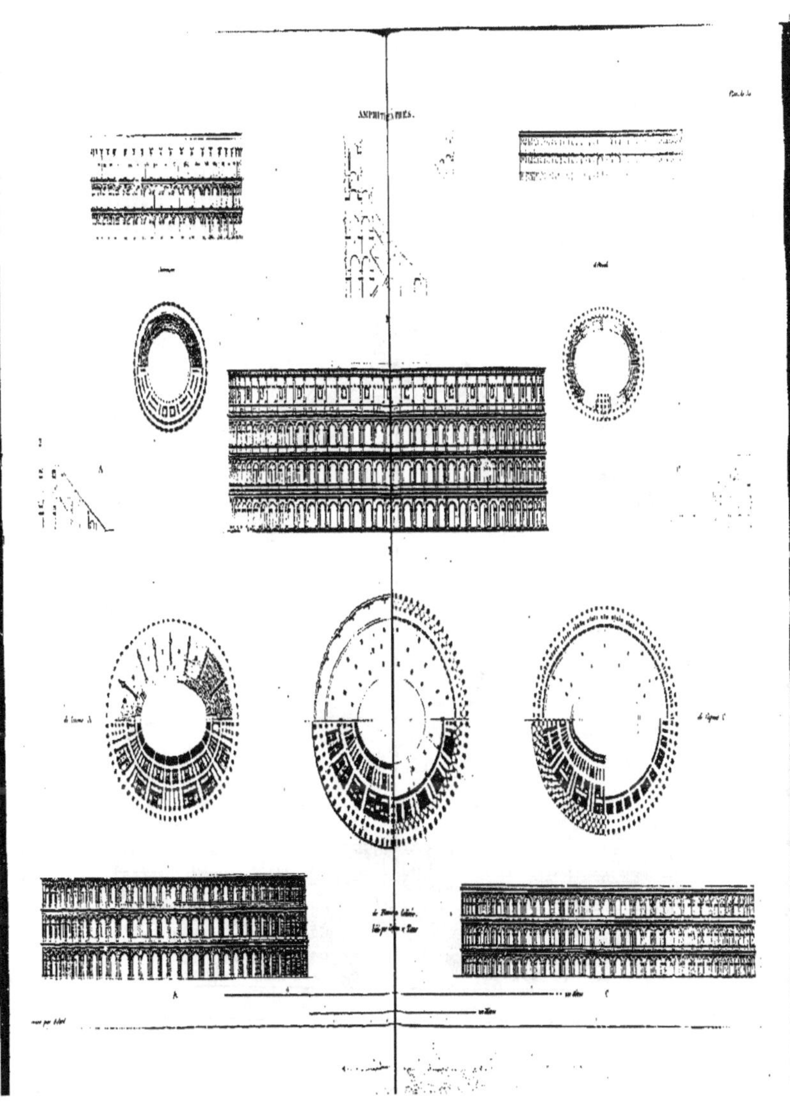

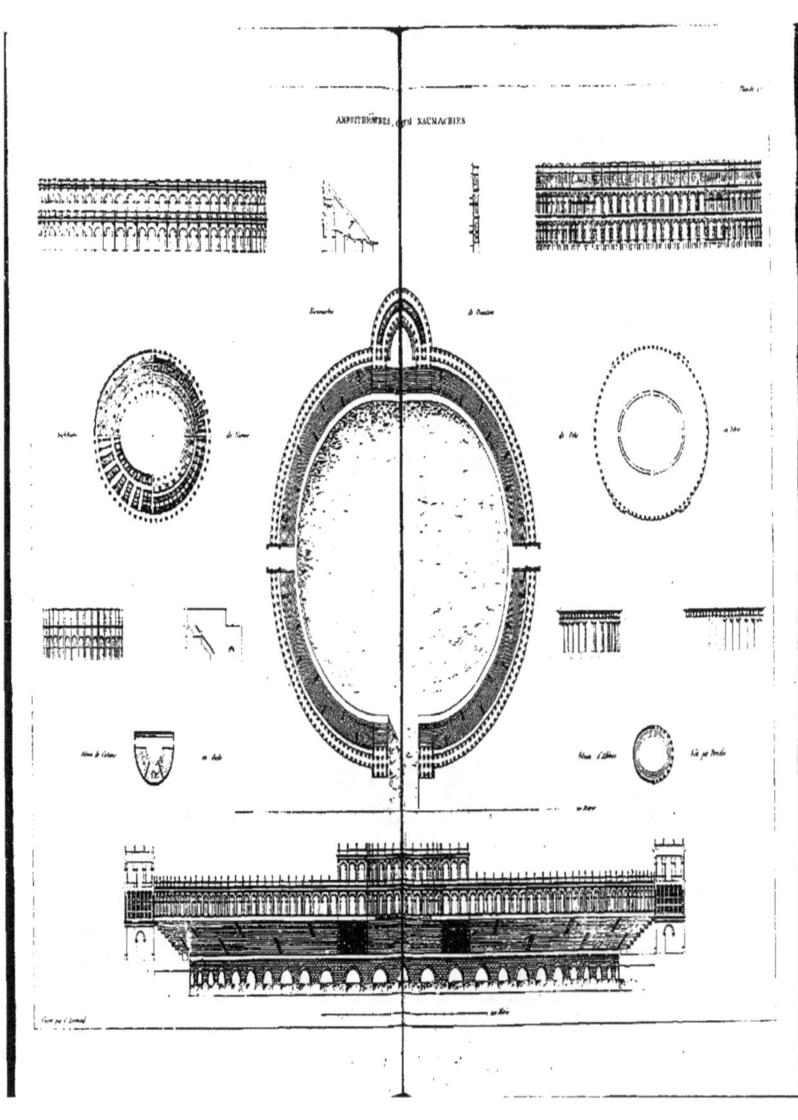

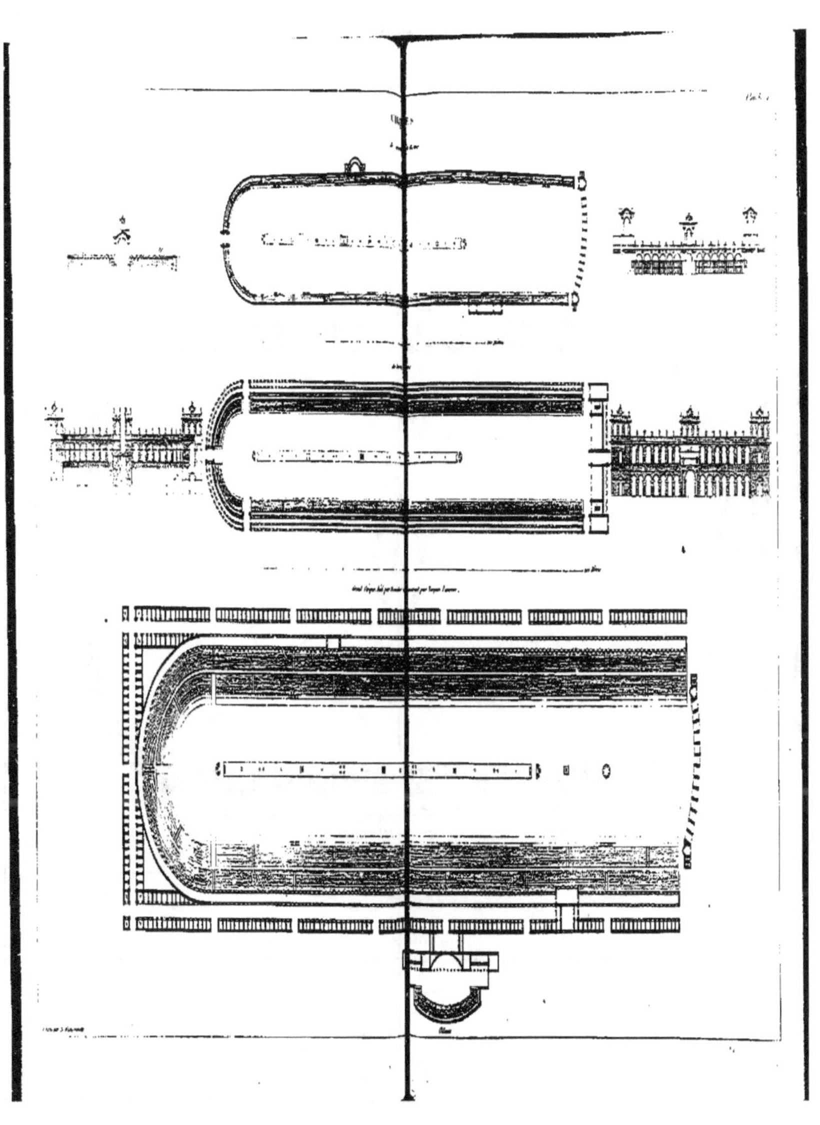

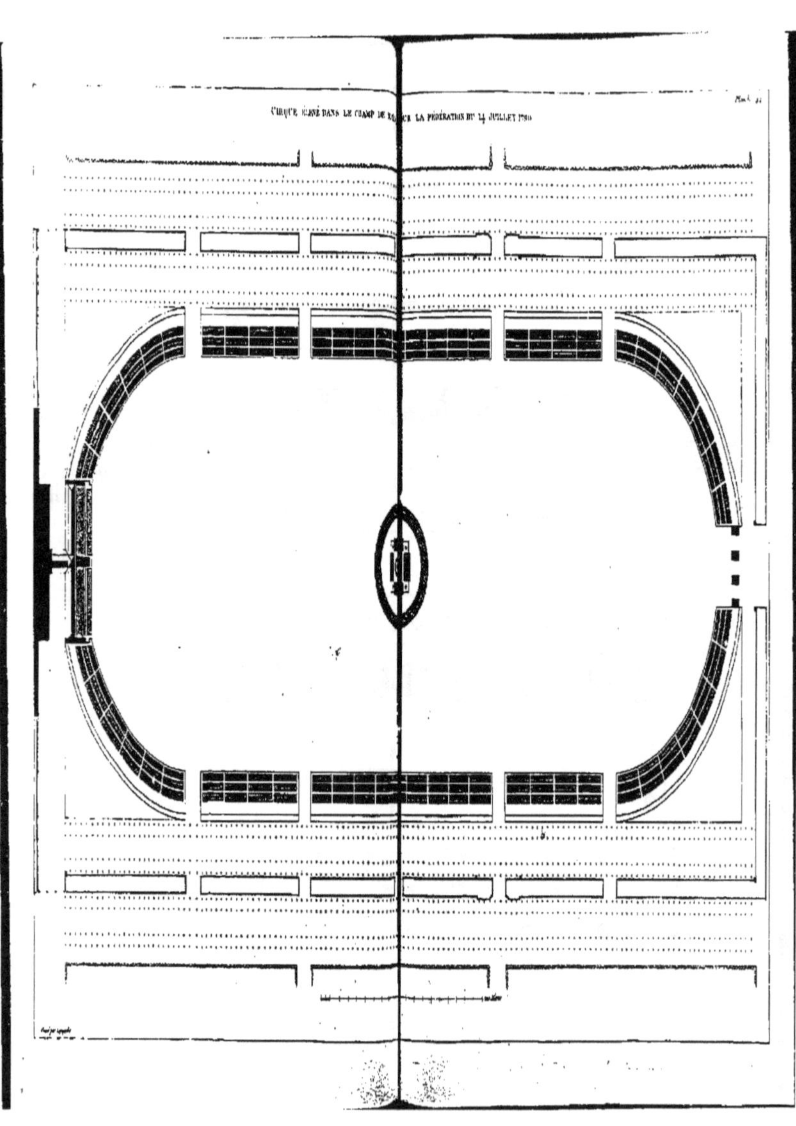

CIRQUE ÉLEVÉ DANS LE CHAMP DE [illegible] LA FÉDÉRATION DU 14 JUILLET 1790

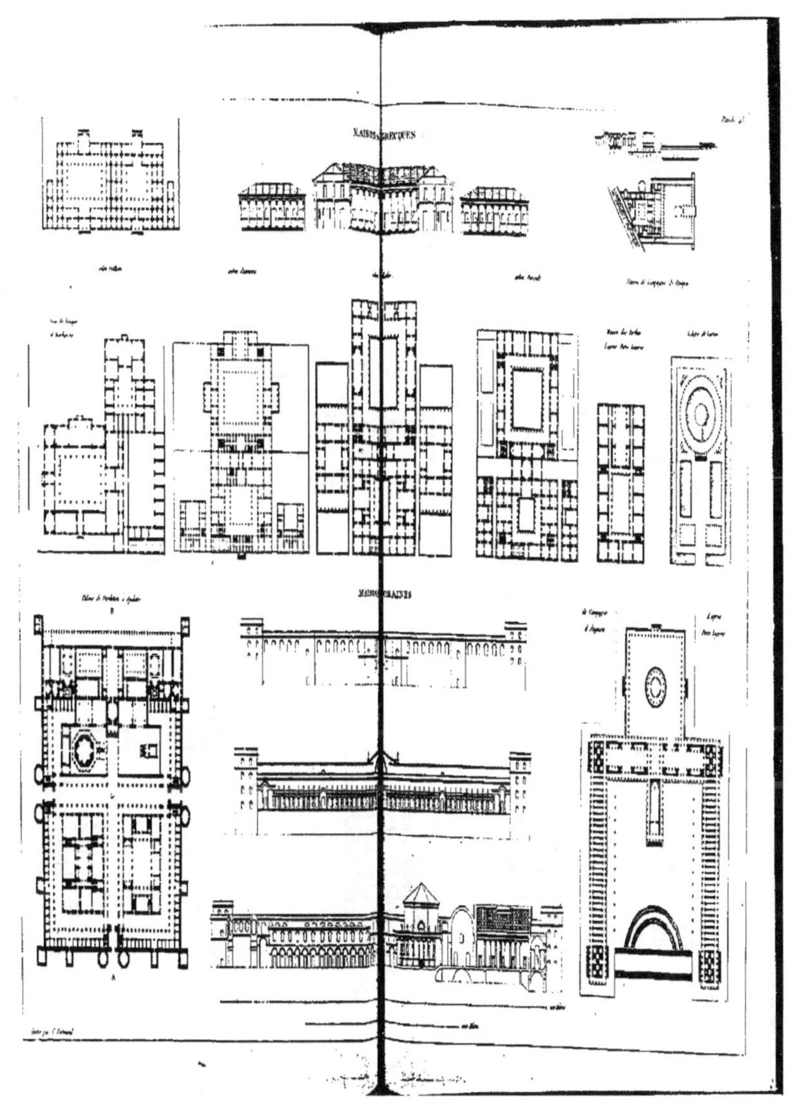

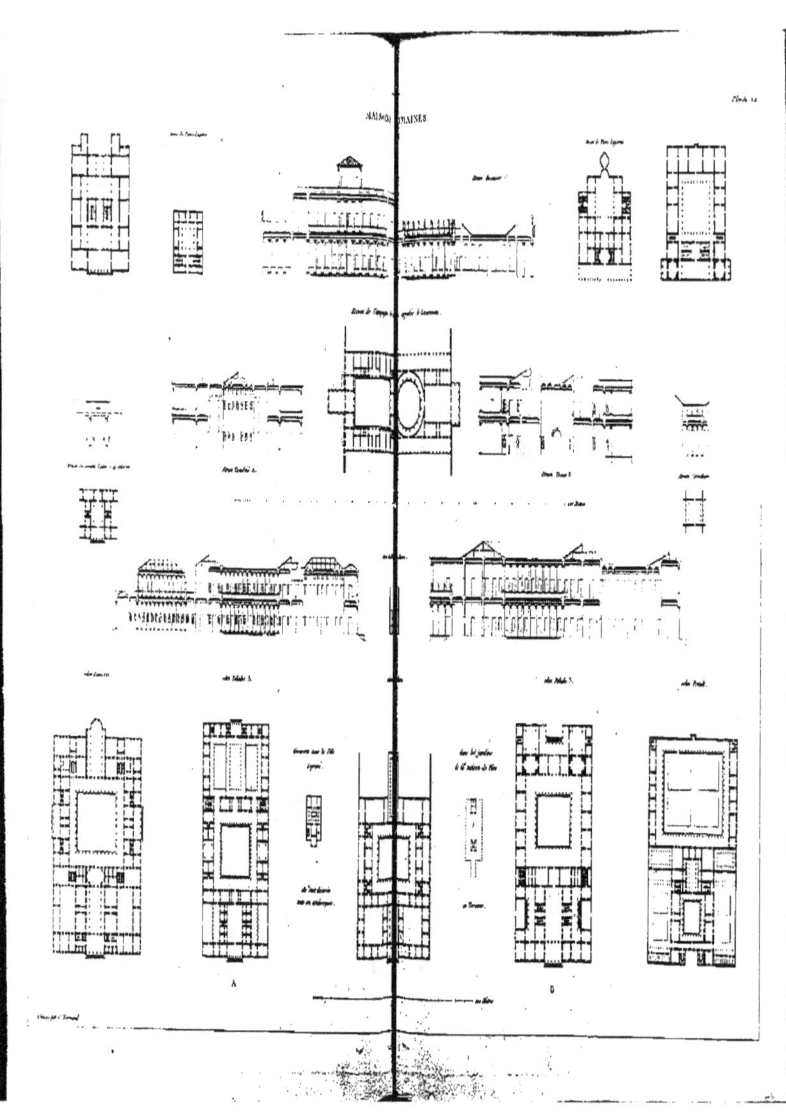

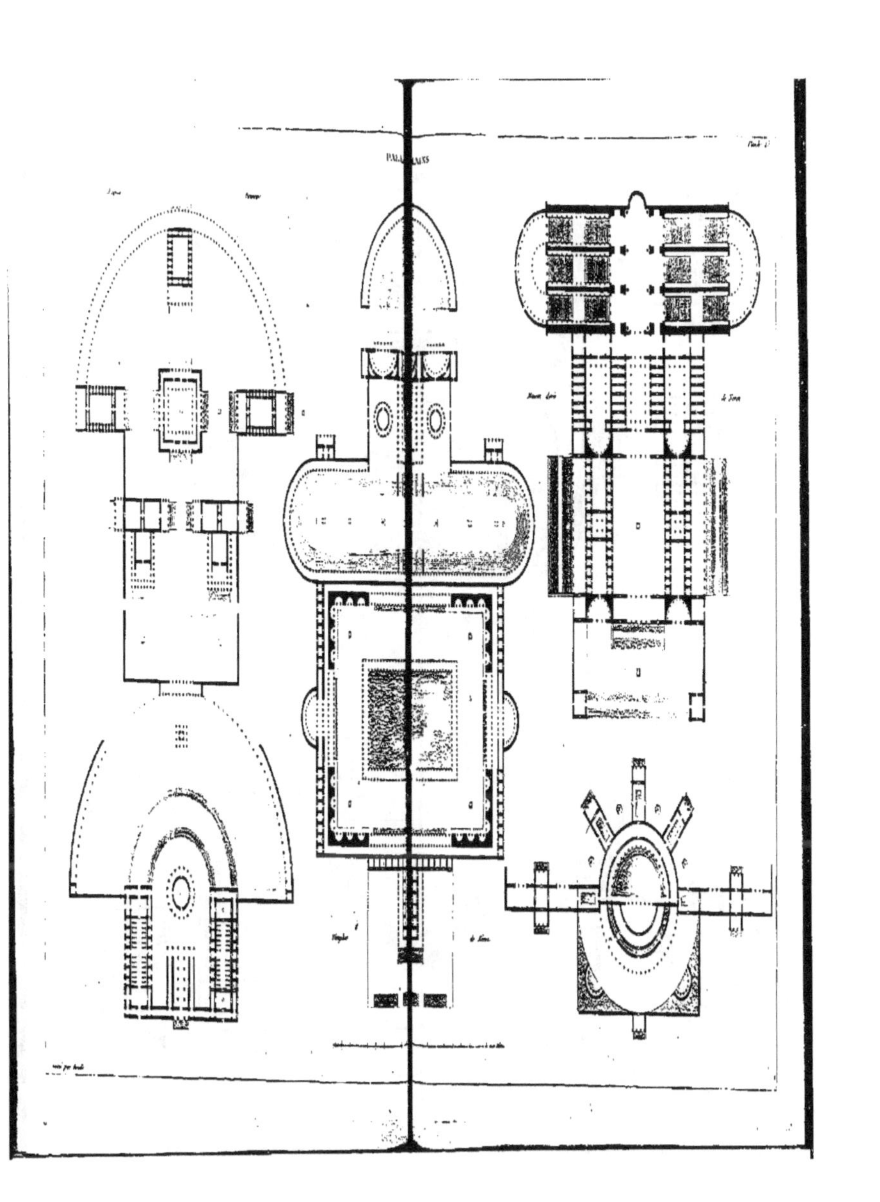

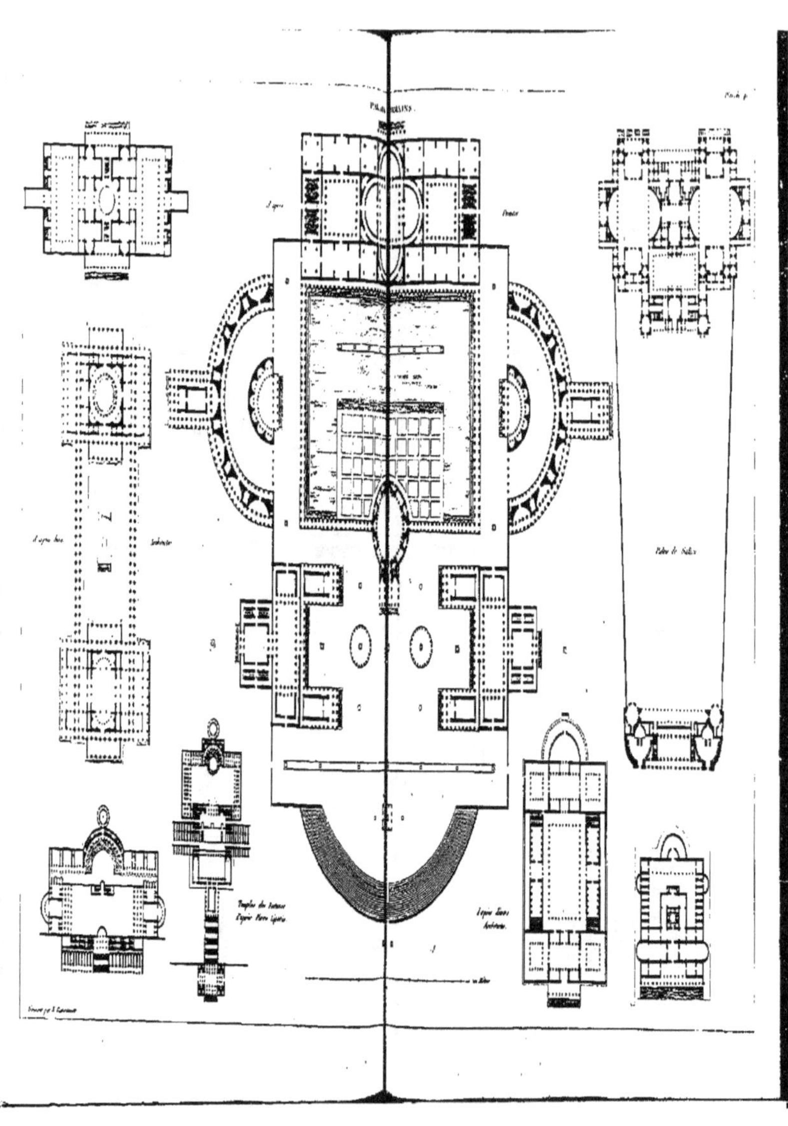

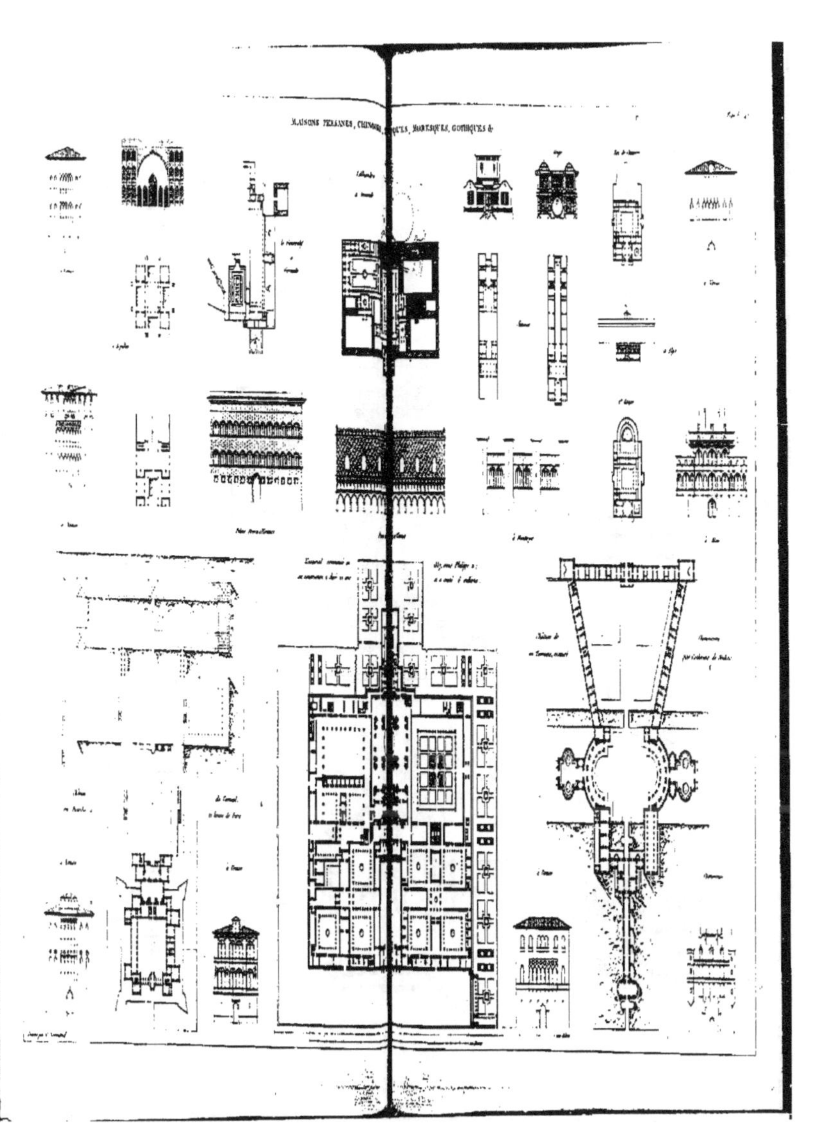
MAISONS PERSANES, CHINOIS[...]QUES, MORESQUES, GOTHIQUES &c

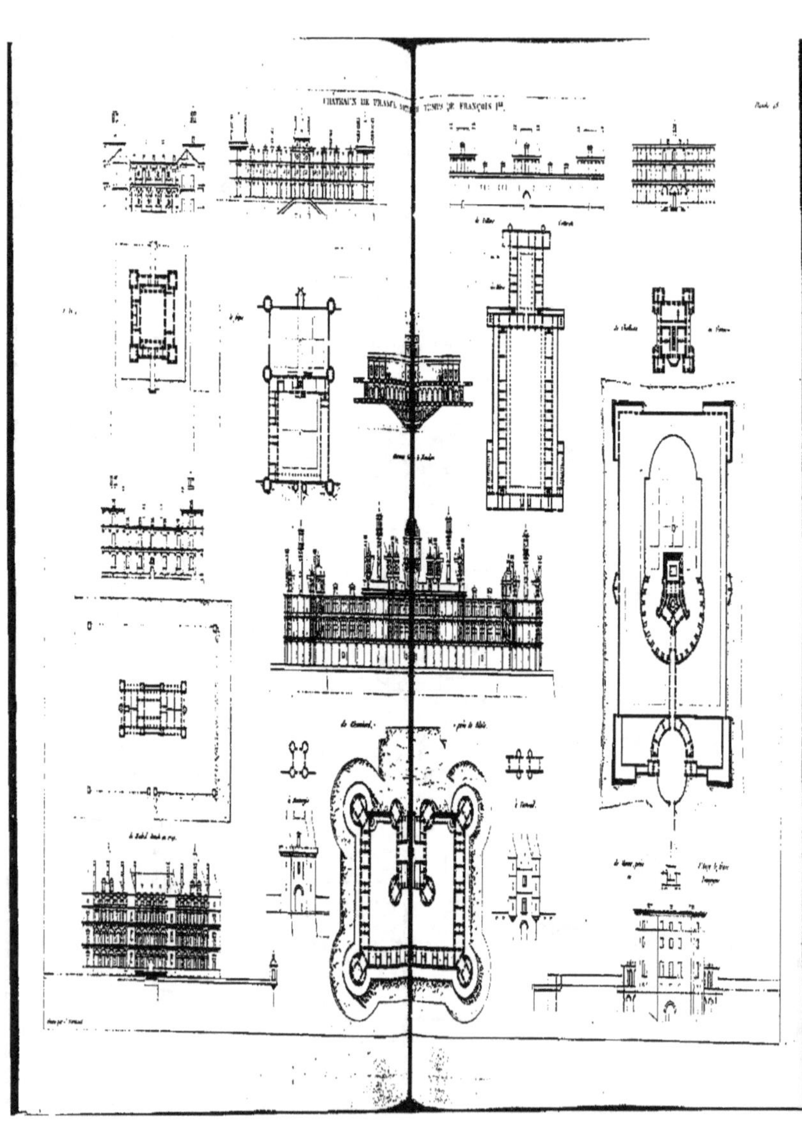

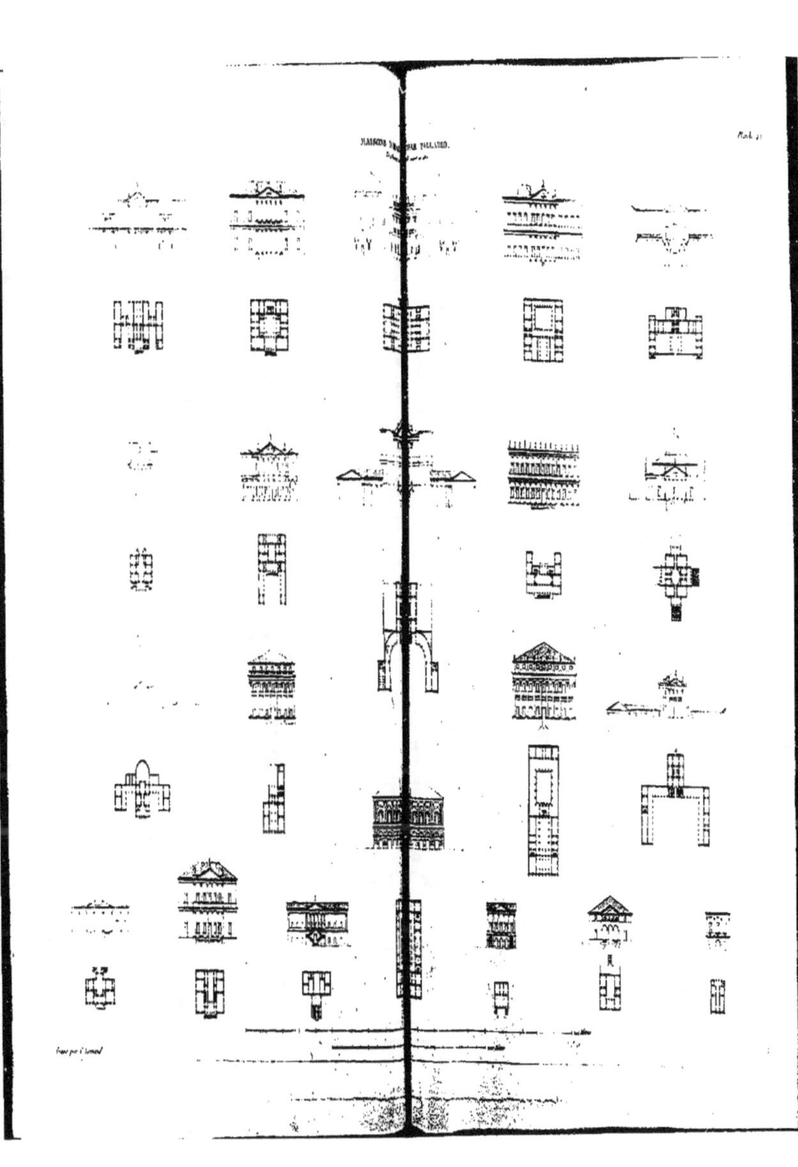
MAISONS … PAR PALLADIO.

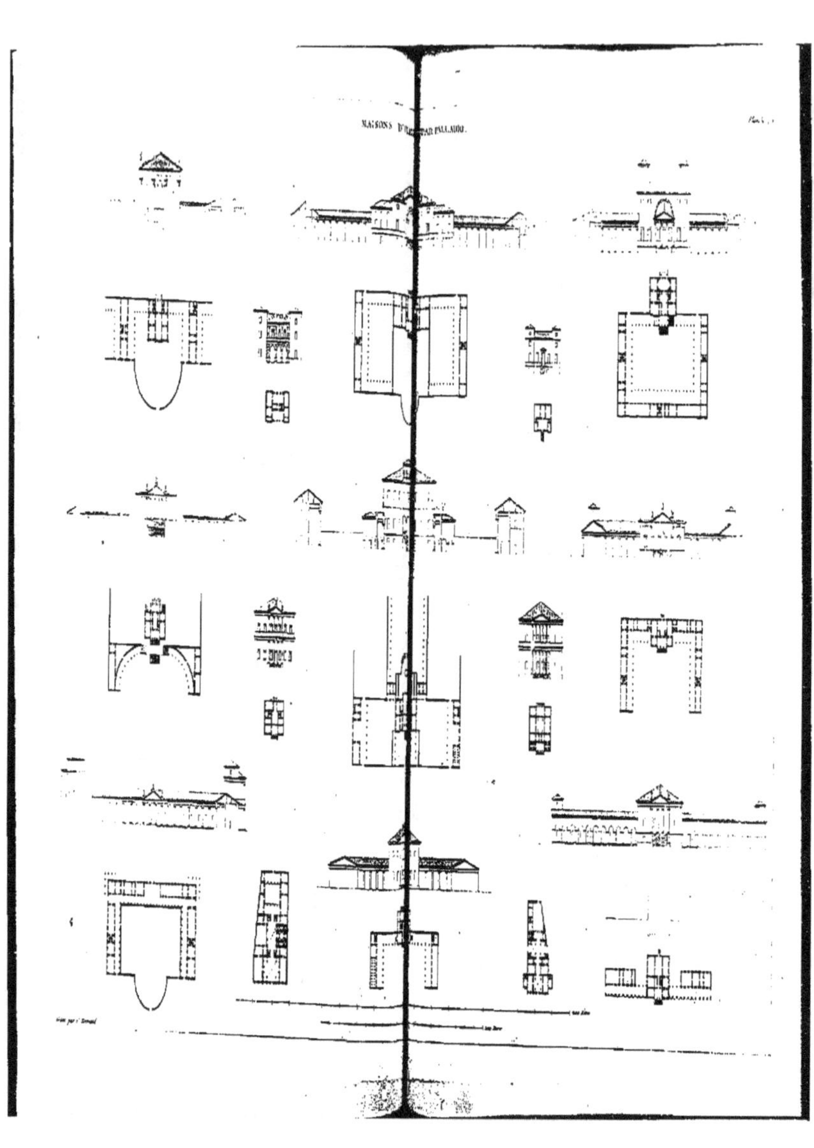
MAISONS
PAR PALLADIO.

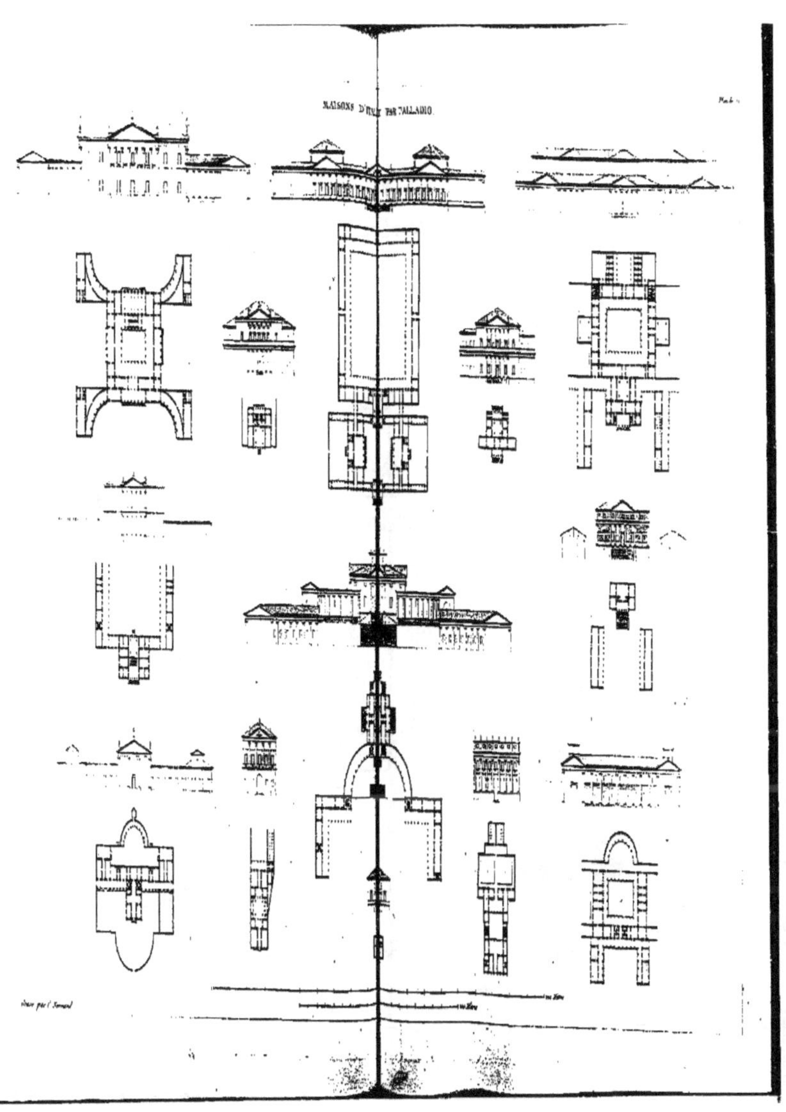
MAISONS D'ITALIE PAR PALLADIO.

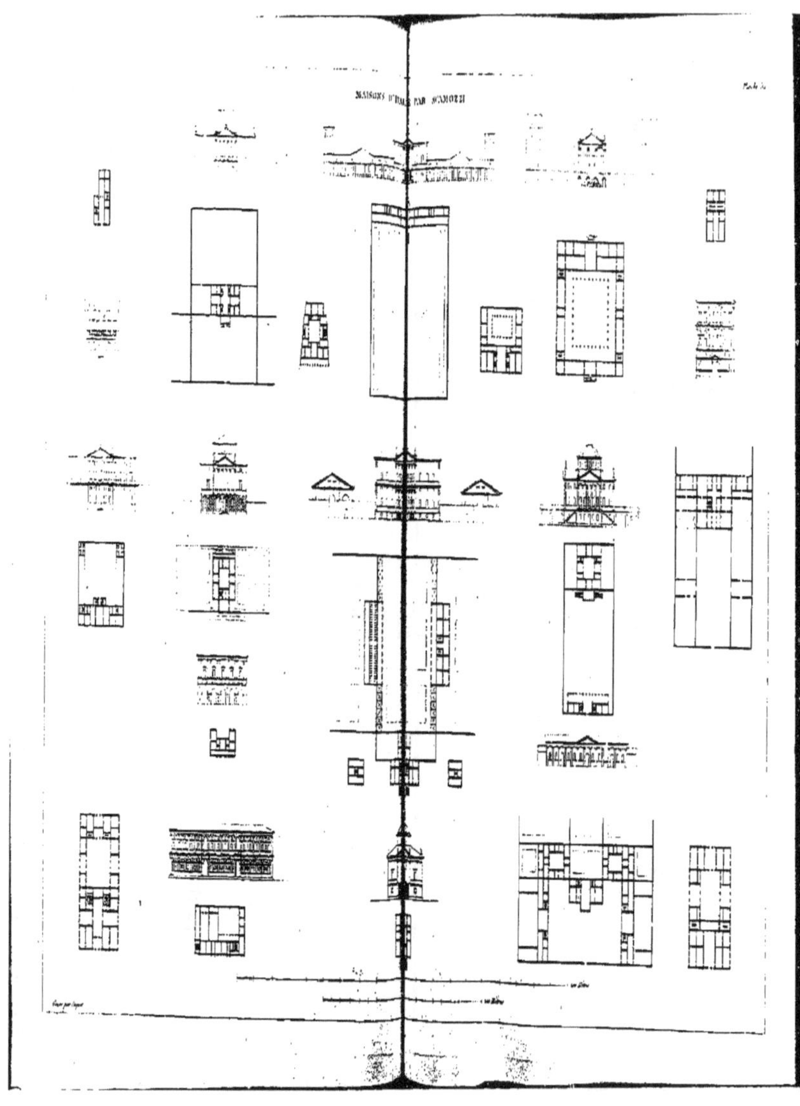
MAISONS D'ITALIE PAR SCAMOZZI

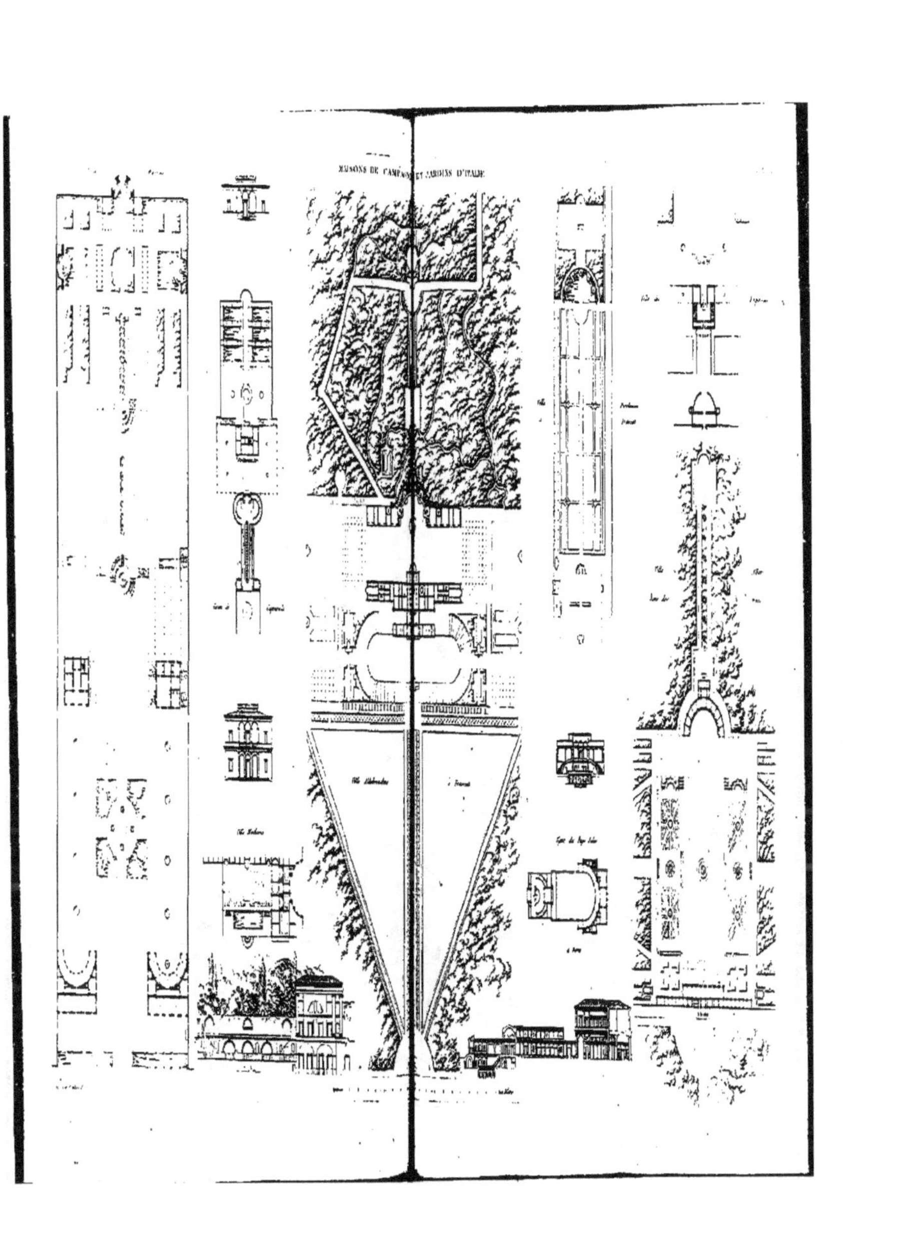
MAISONS DE CAMPAGNE ET JARDINS D'ITALIE

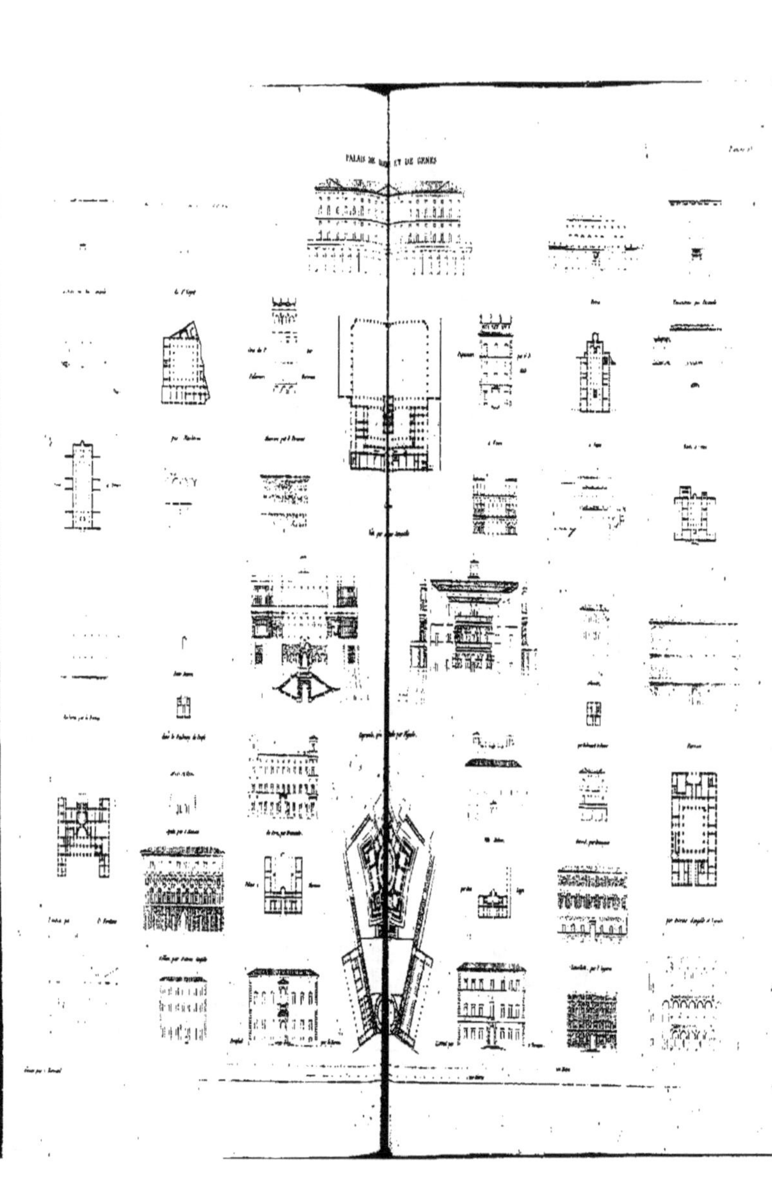

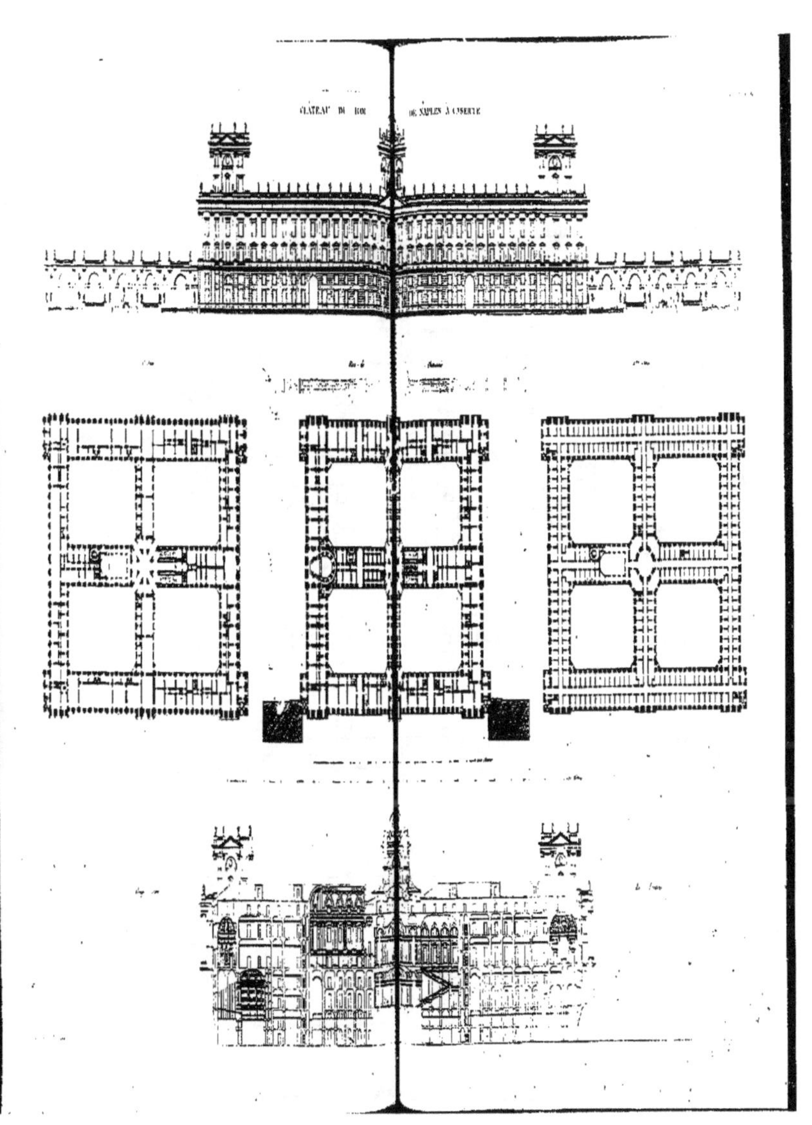

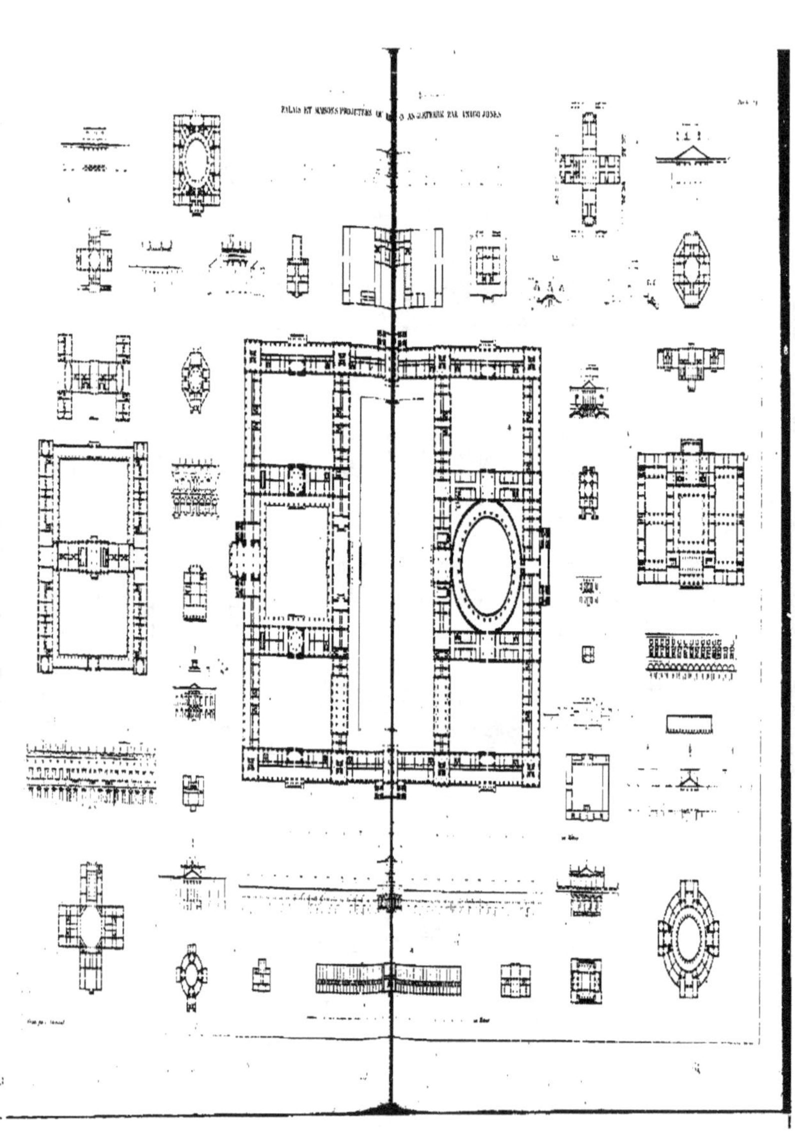
PALAIS ET MAISONS PROJETÉS OU
EN ANGLETERRE PAR INIGO JONES

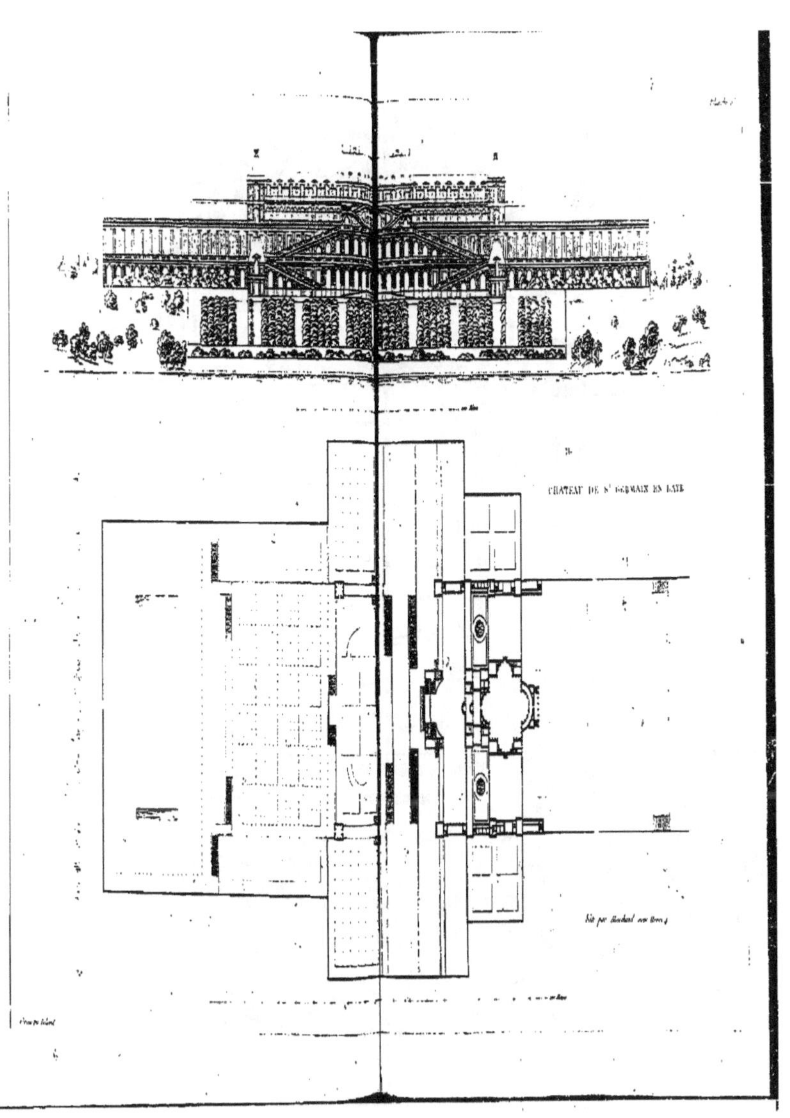
CHATEAU DE St GERMAIN EN LAYE

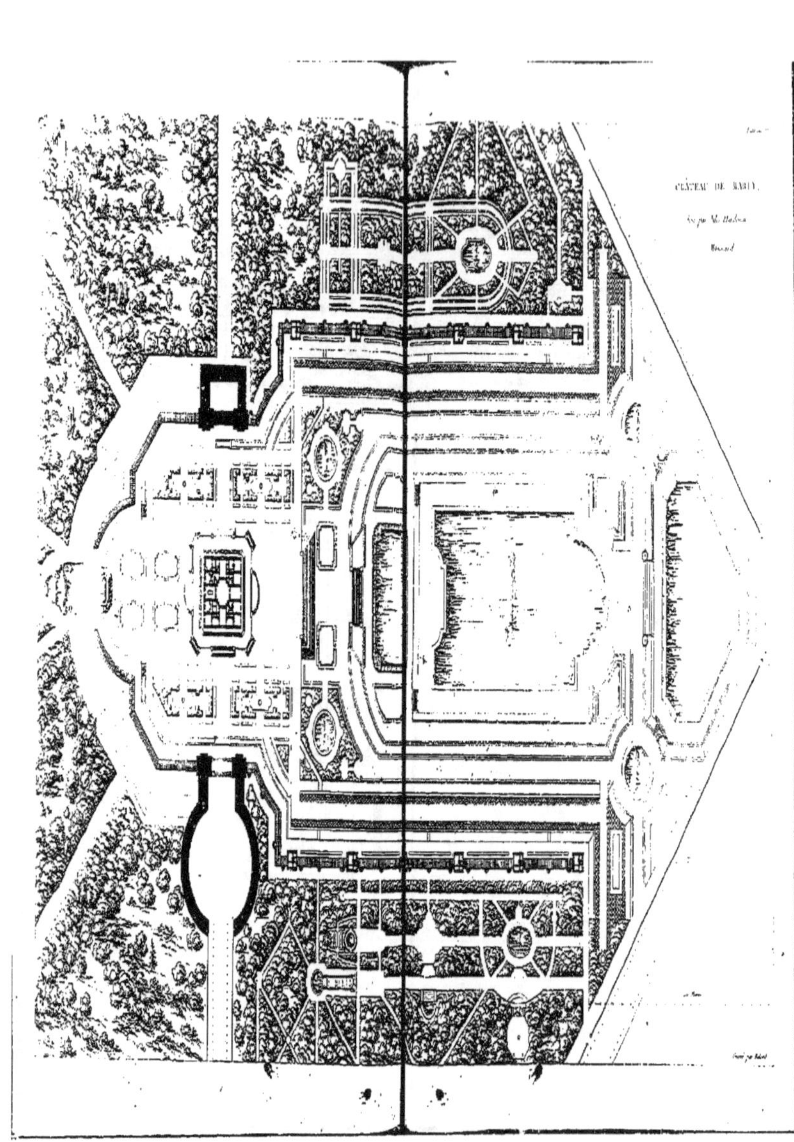
CHÂTEAU DE MARLY,

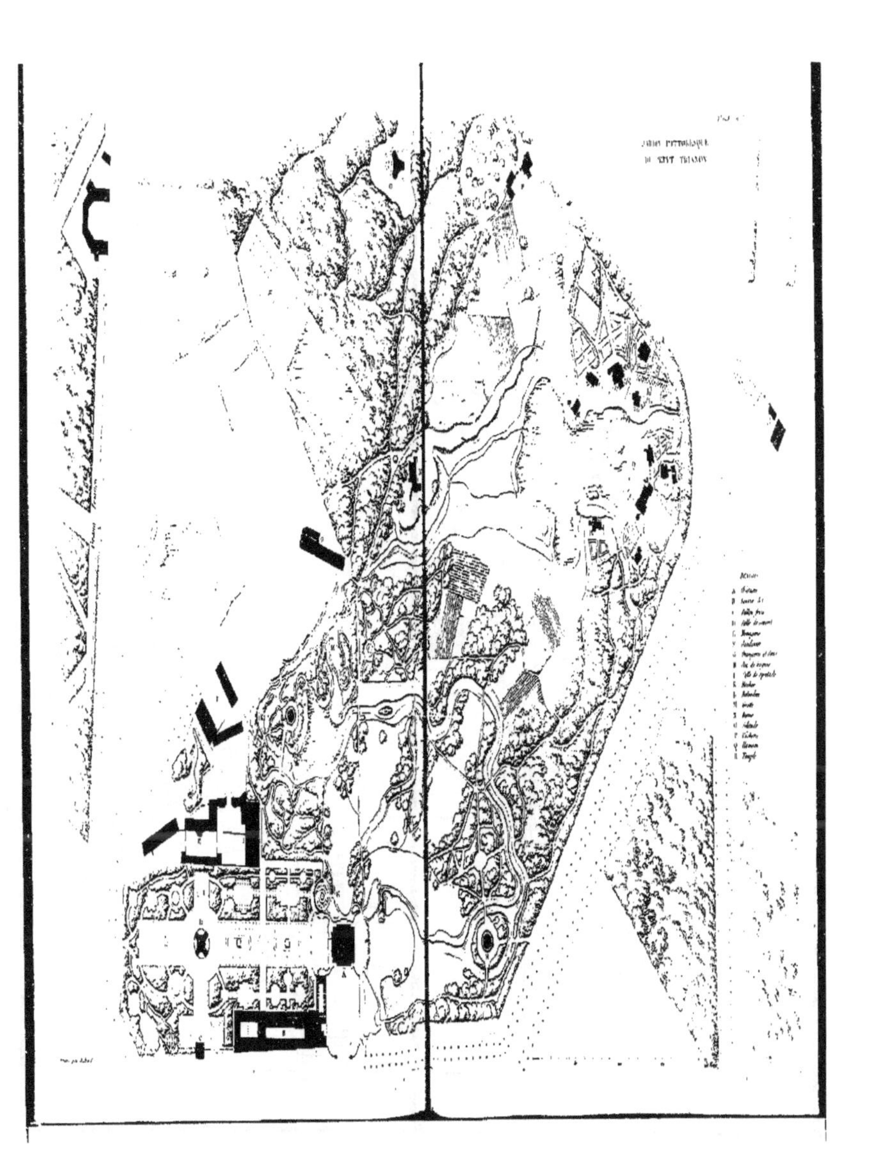
JARDIN PITTORESQUE
DU PETIT TRIANON

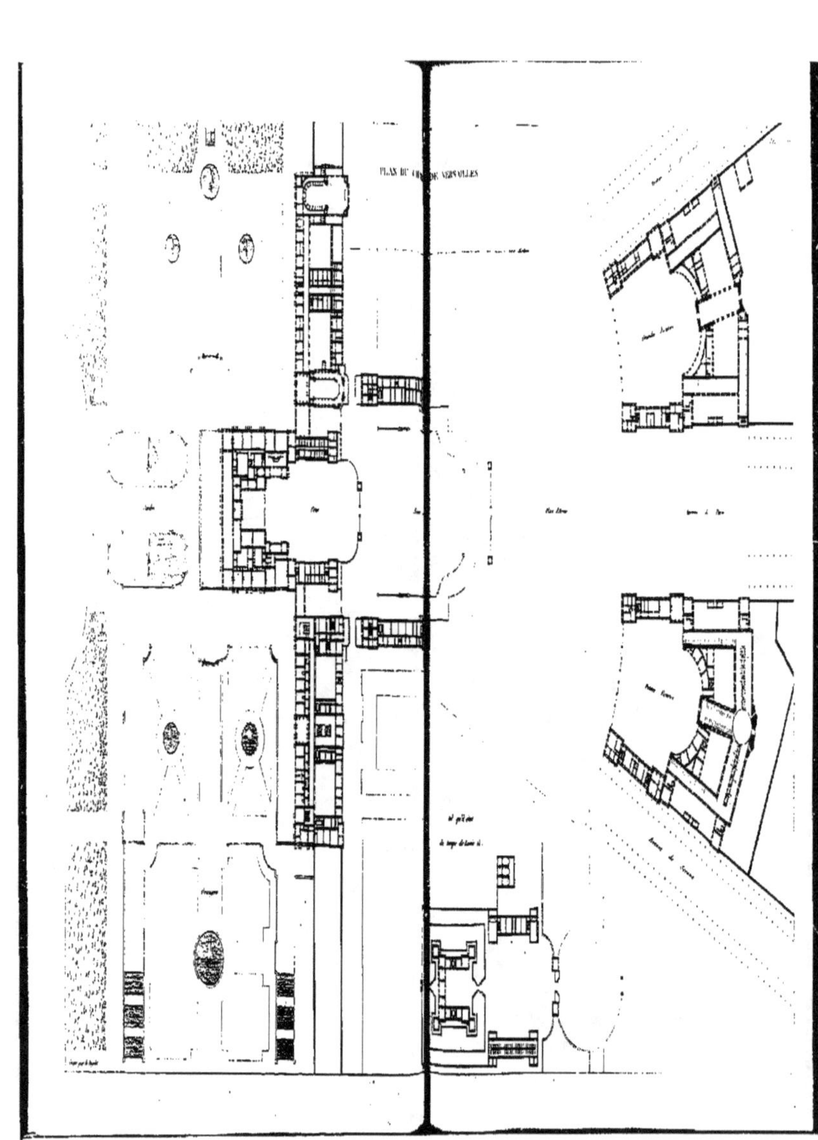

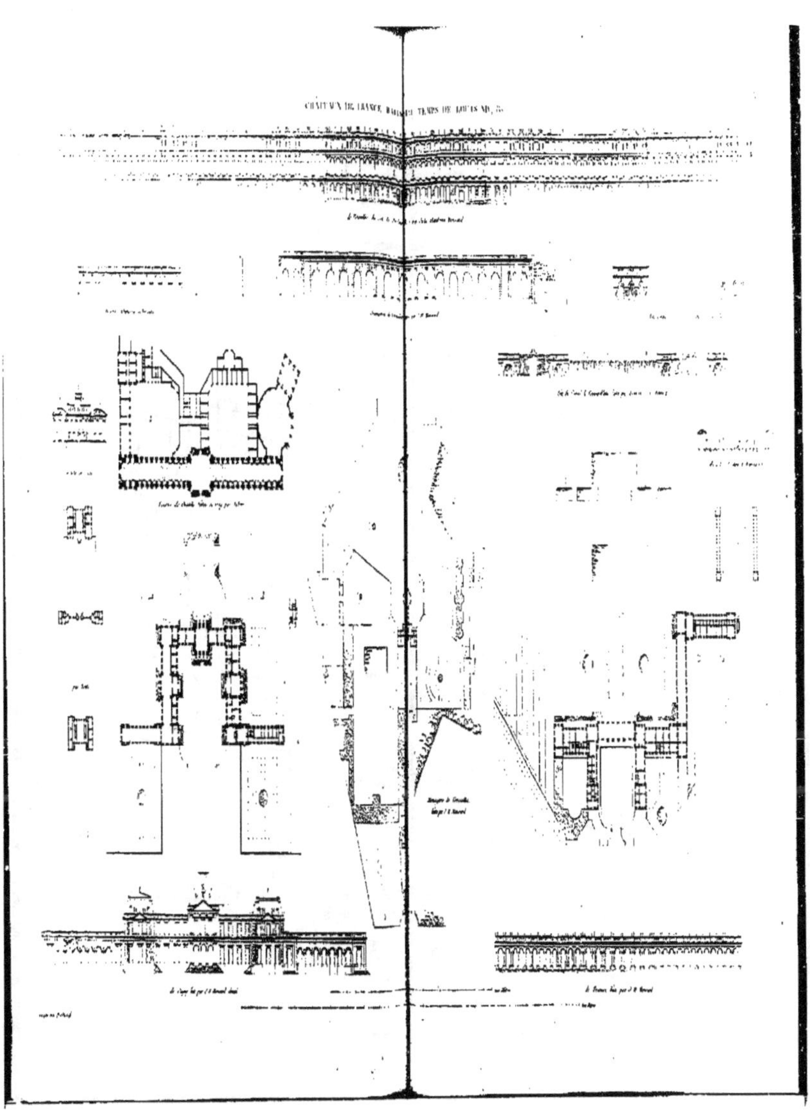

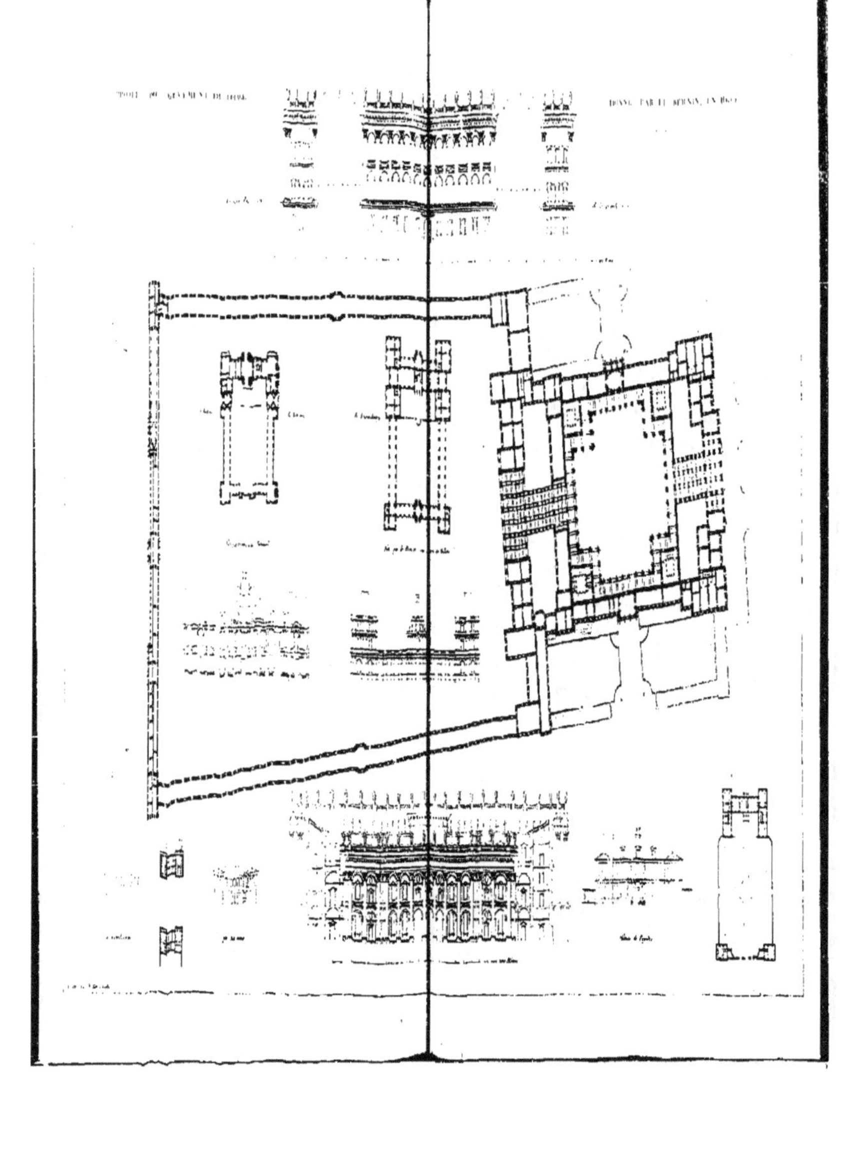

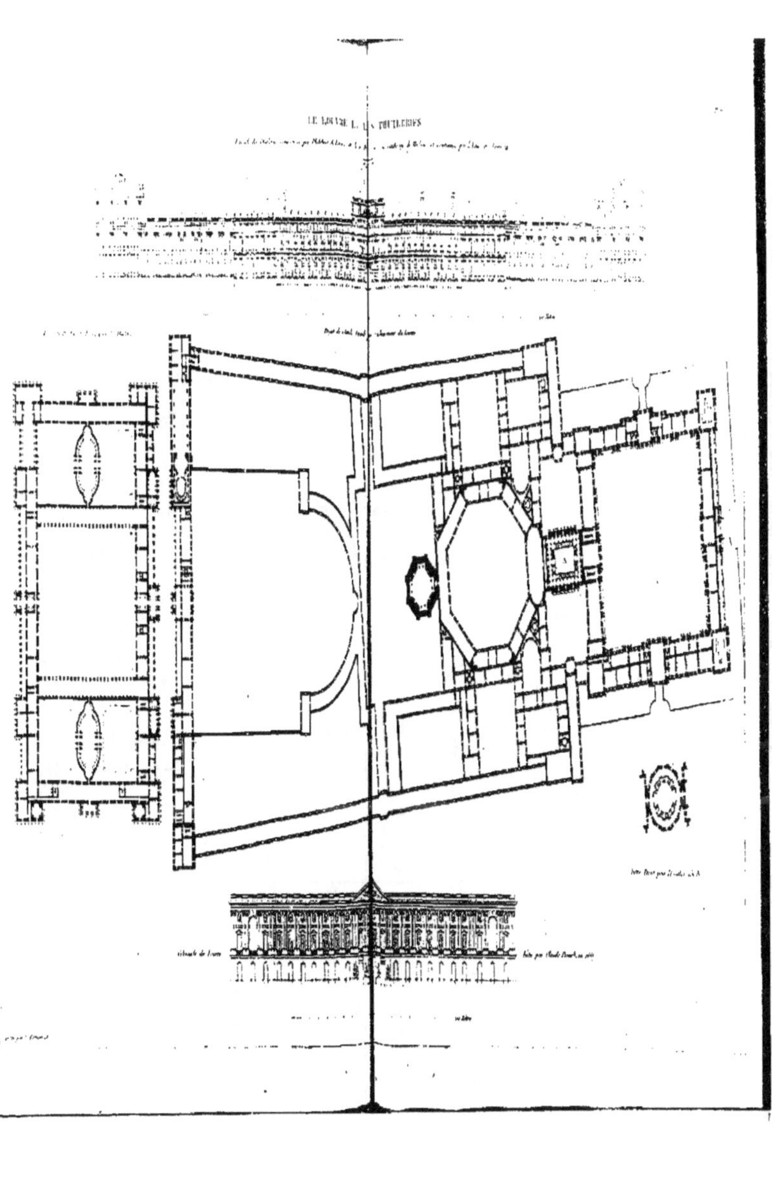

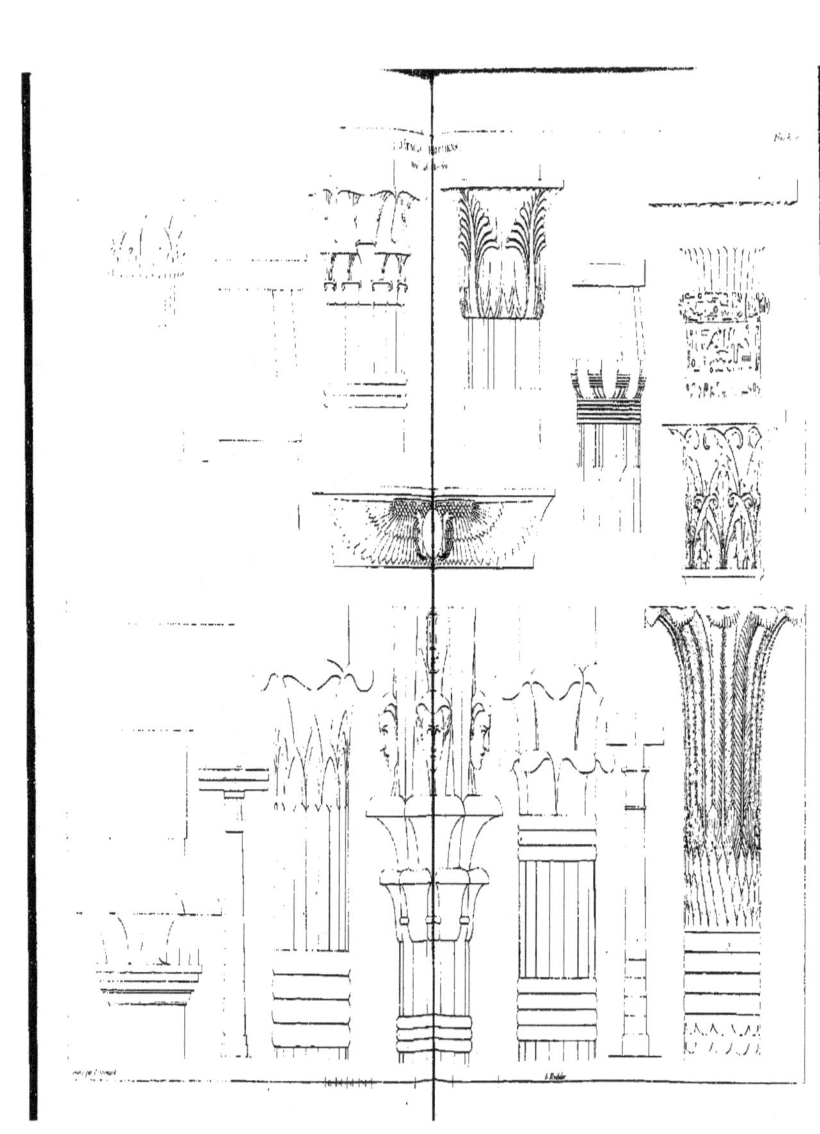

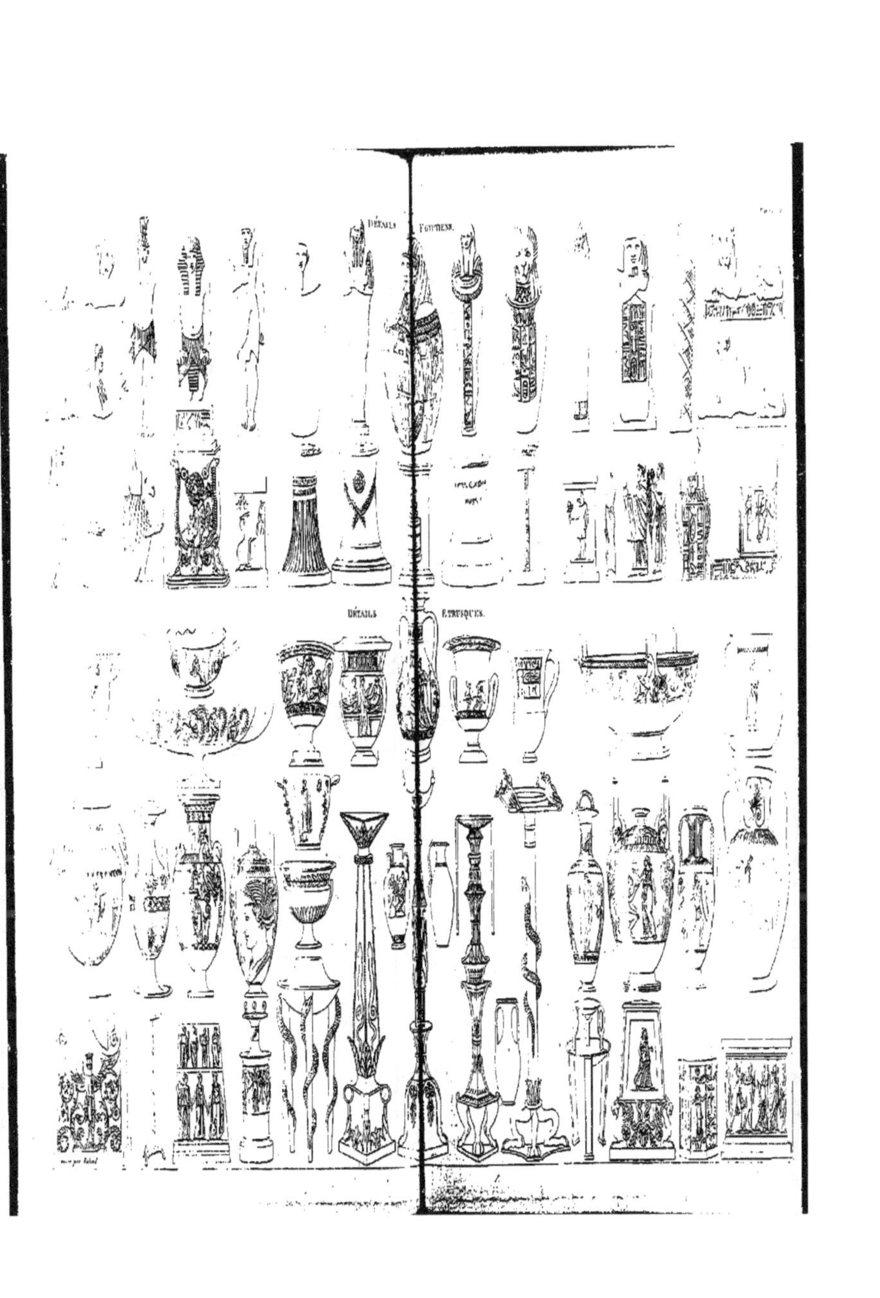
DÉTAILS ÉGYPTIENS.
DÉTAILS ÉTRUSQUES.

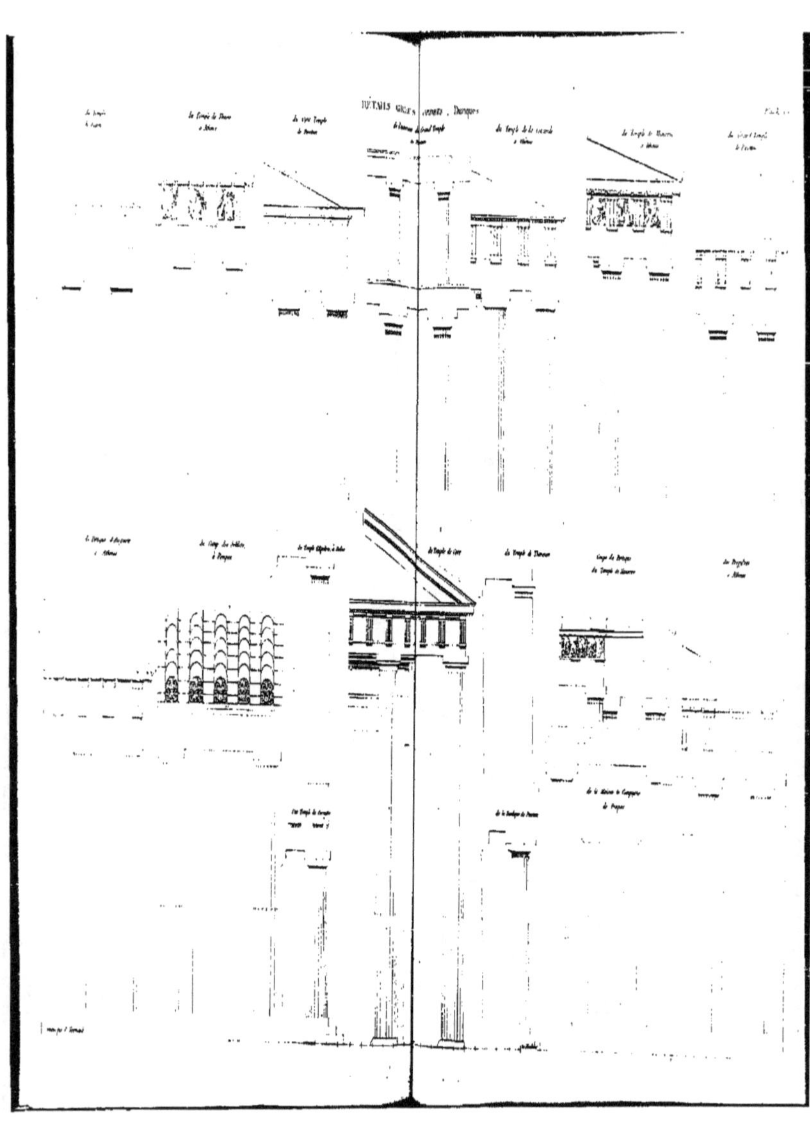

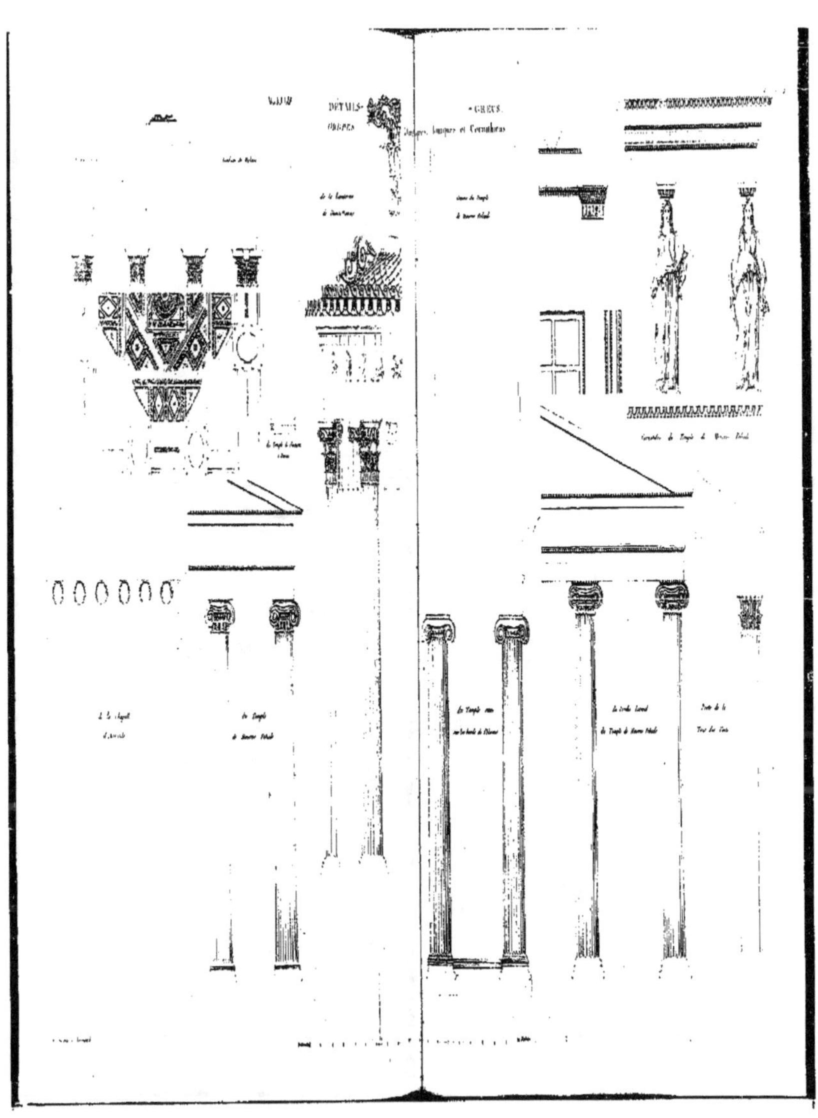
DÉTAILS
GRECS.
Ioniques et Corinthiens

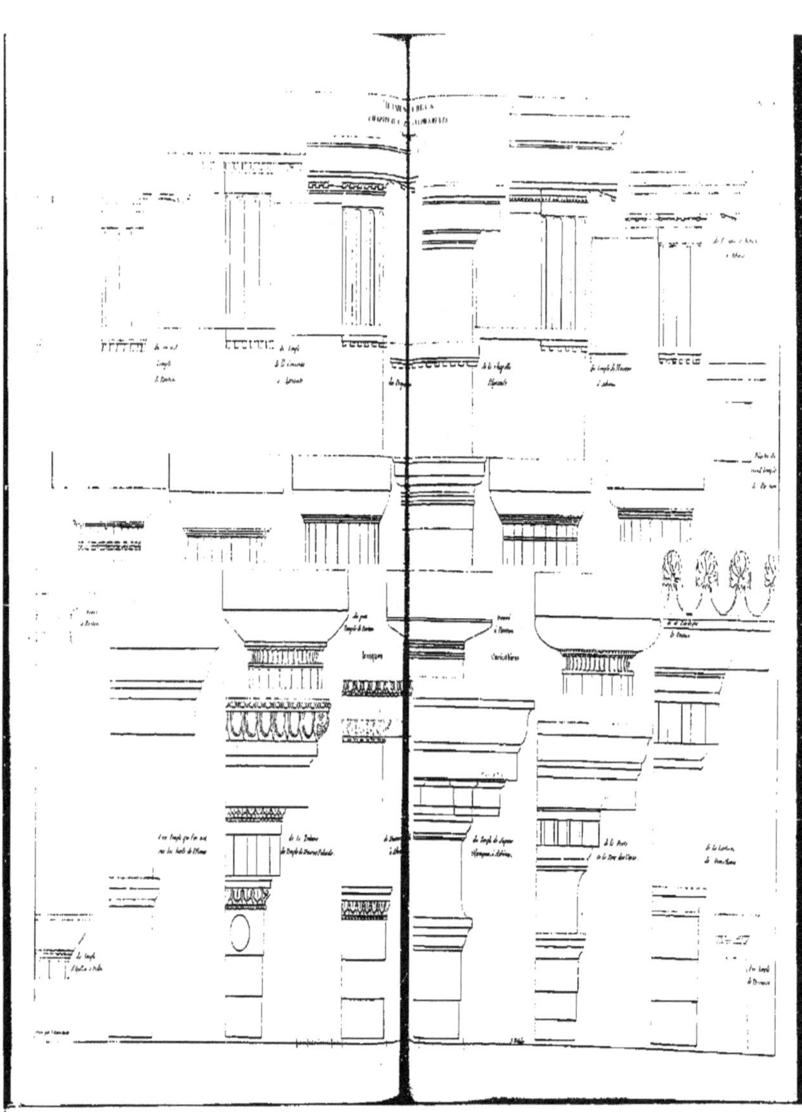

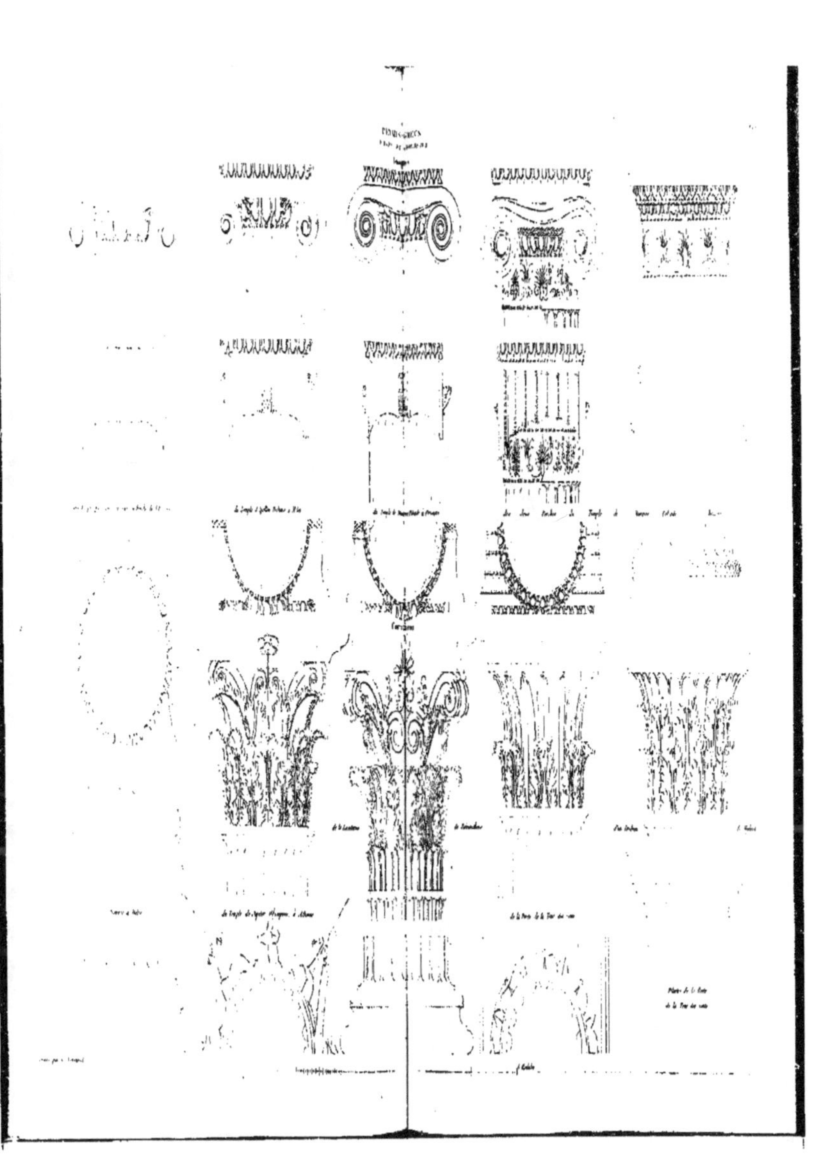

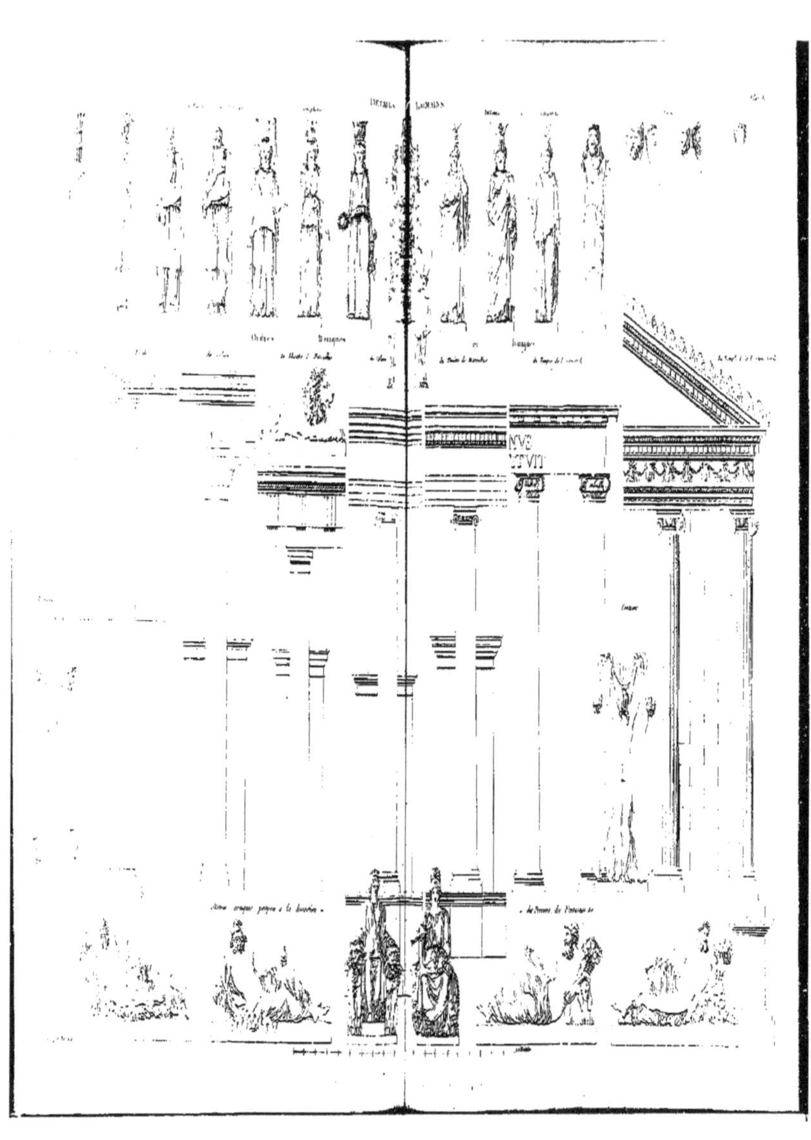

DÉTAILS ROMAINS Ordres Corinthiens, Frises, Soffites, Tuiles

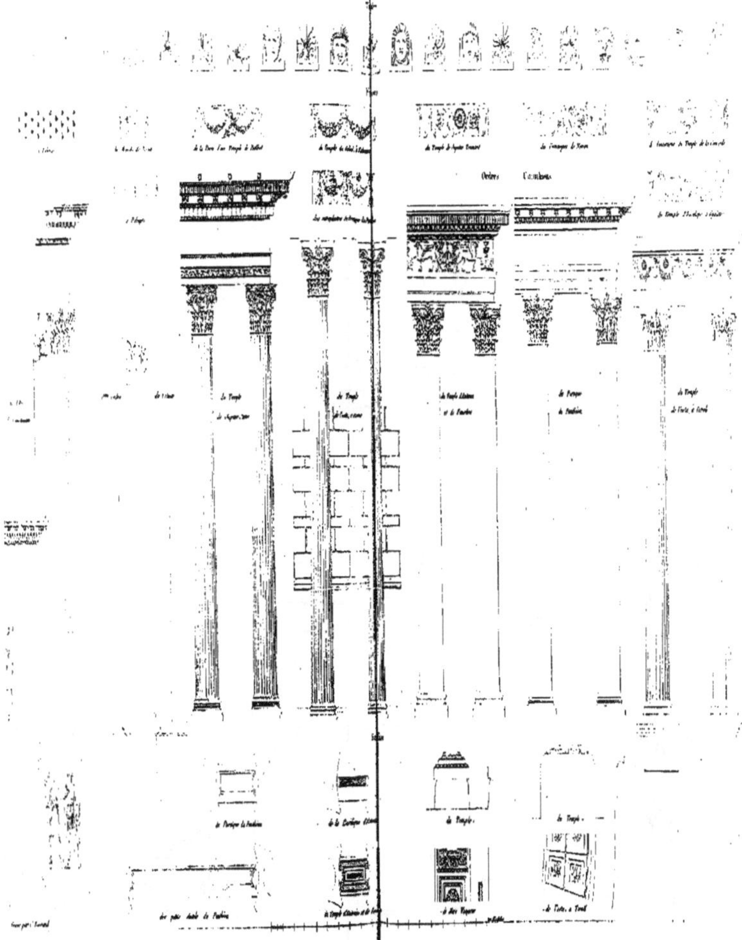

Ordres Corinthiens

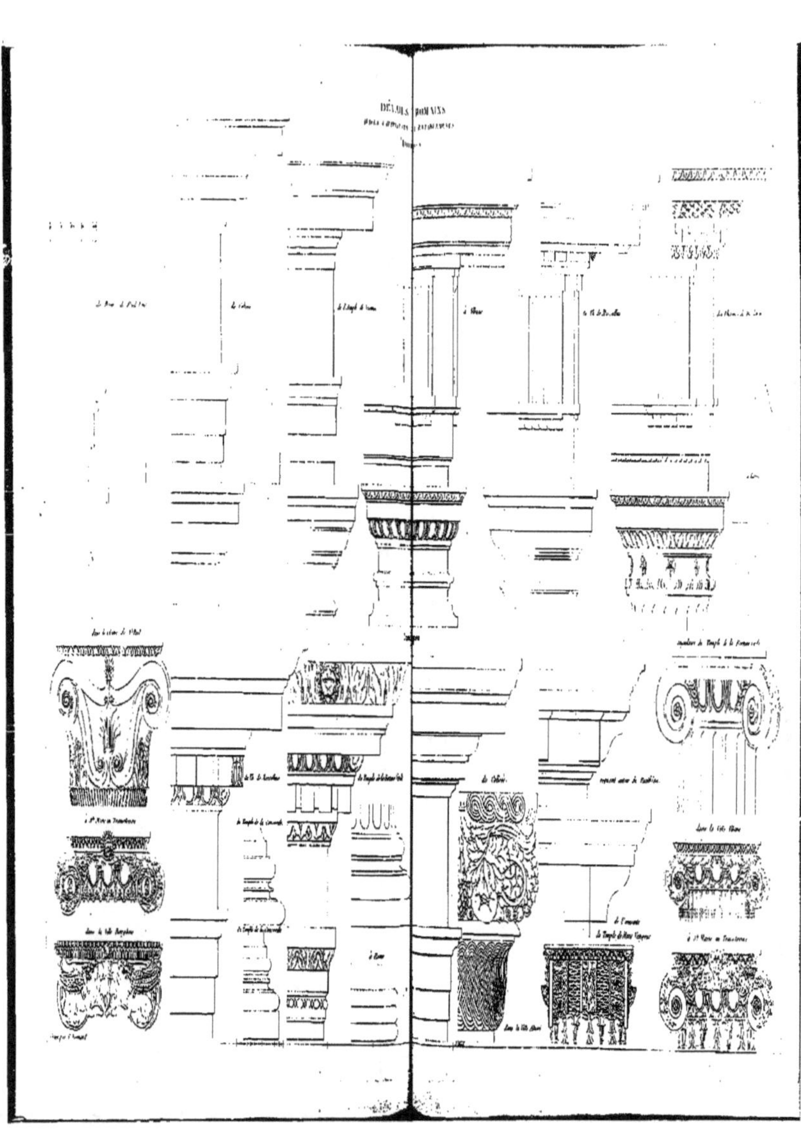

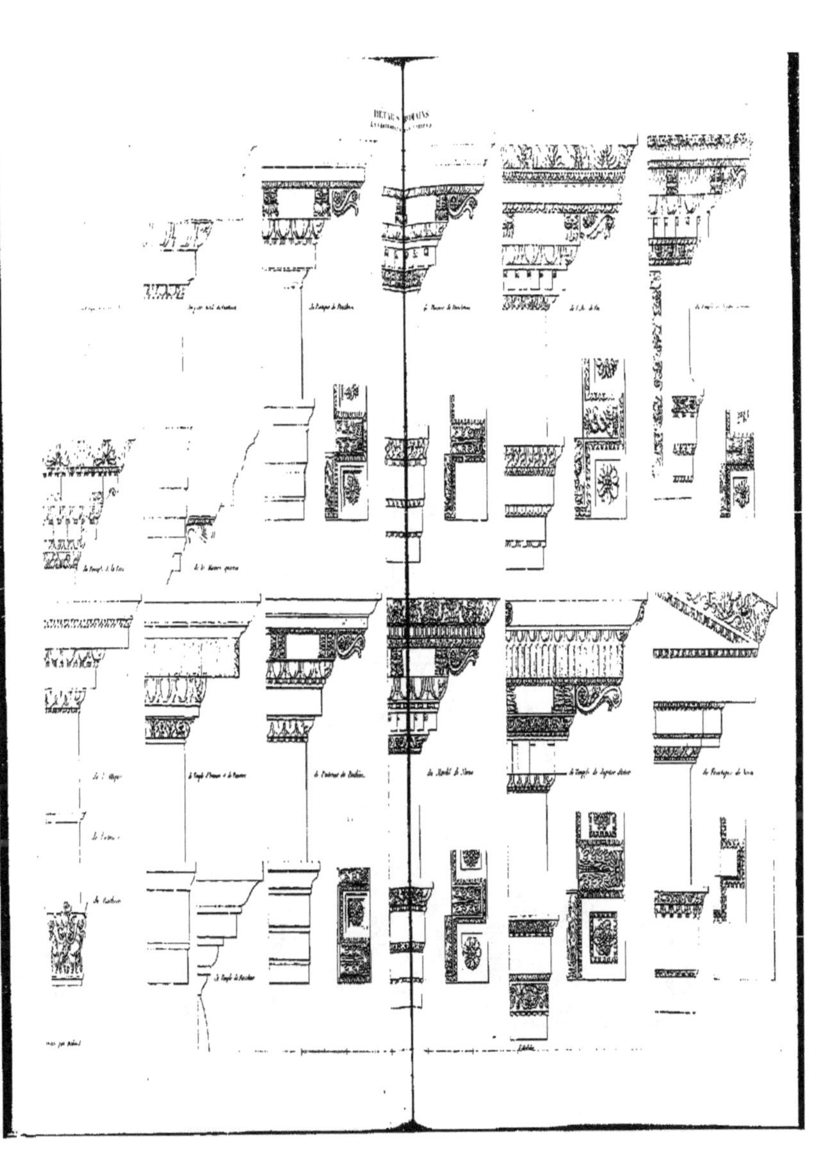

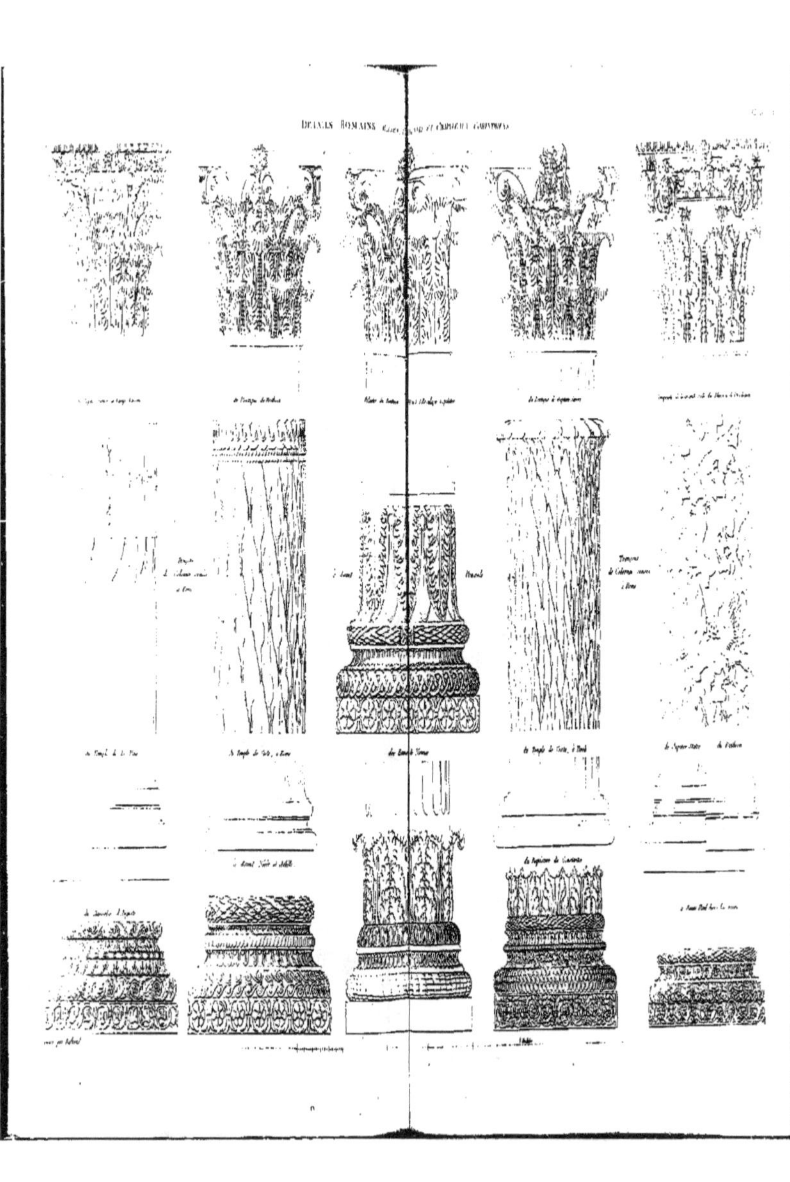

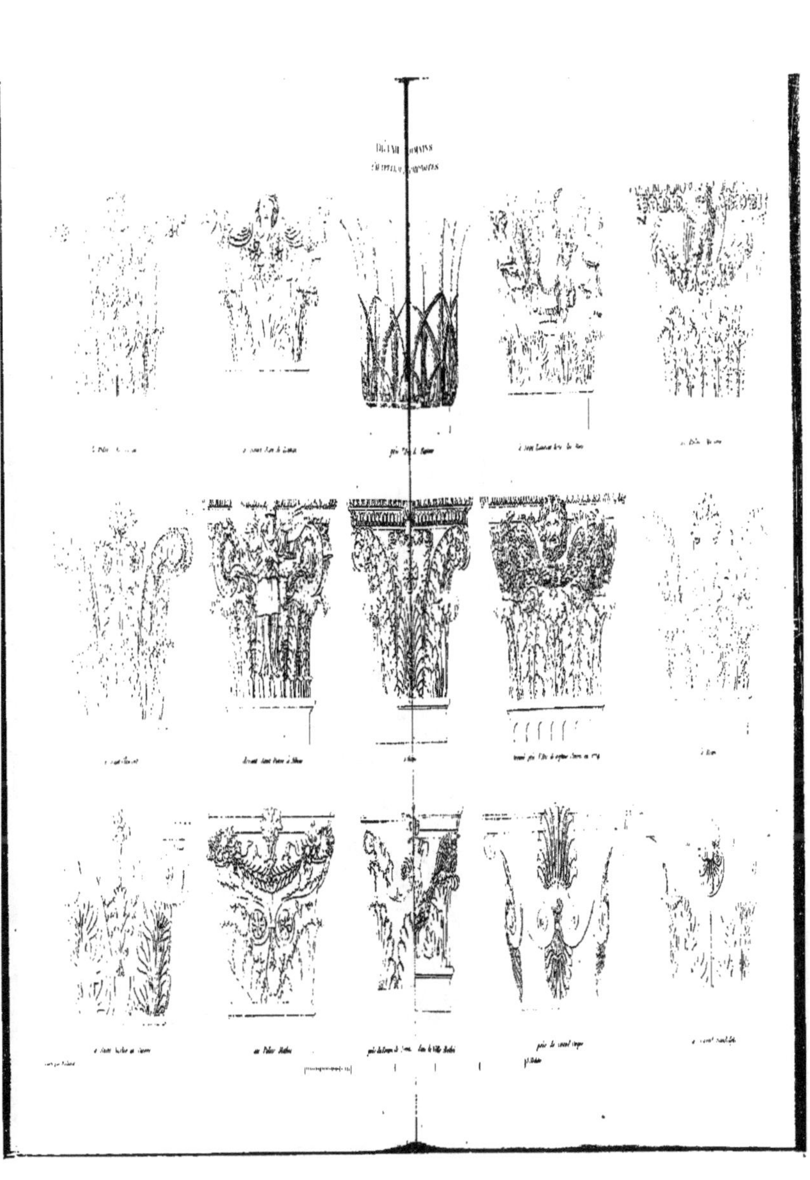

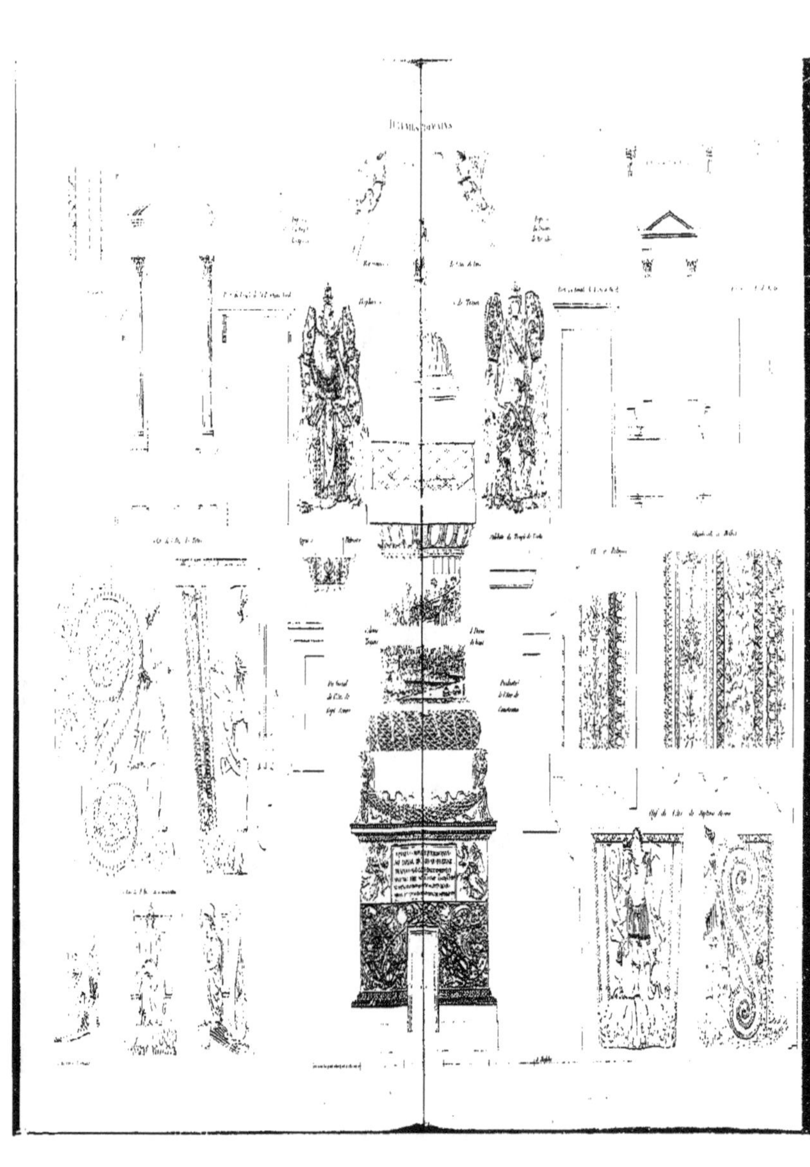

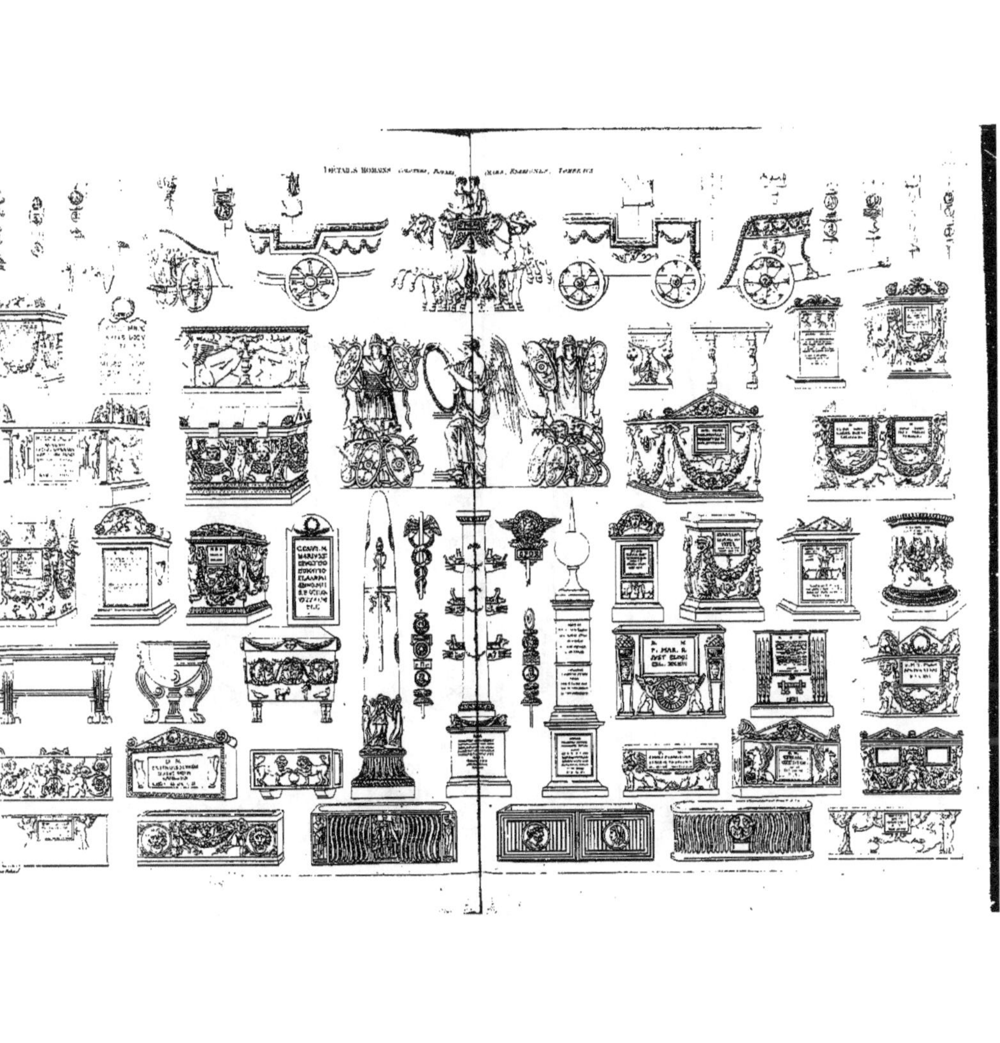
DÉTAILS ROMAINS

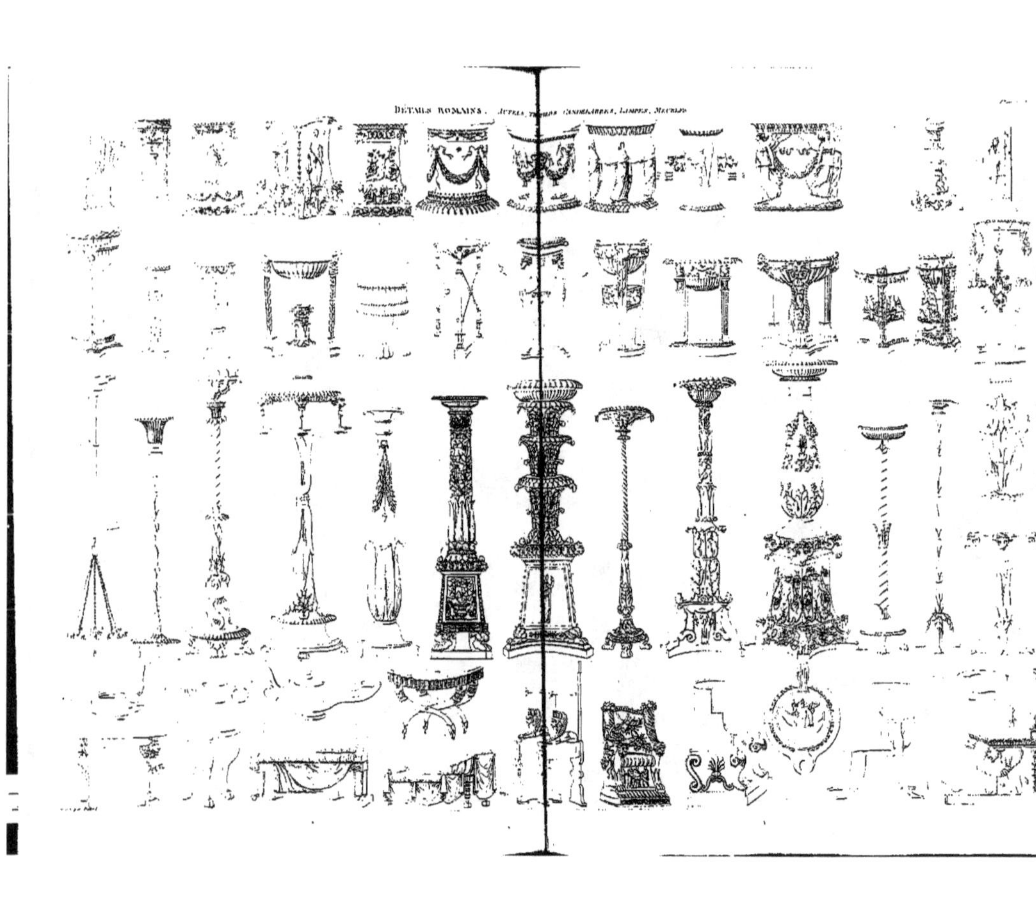

DÉTAILS ROMAINS. Autels, Tr[illegible], Candélabres, Lampes, Meubles

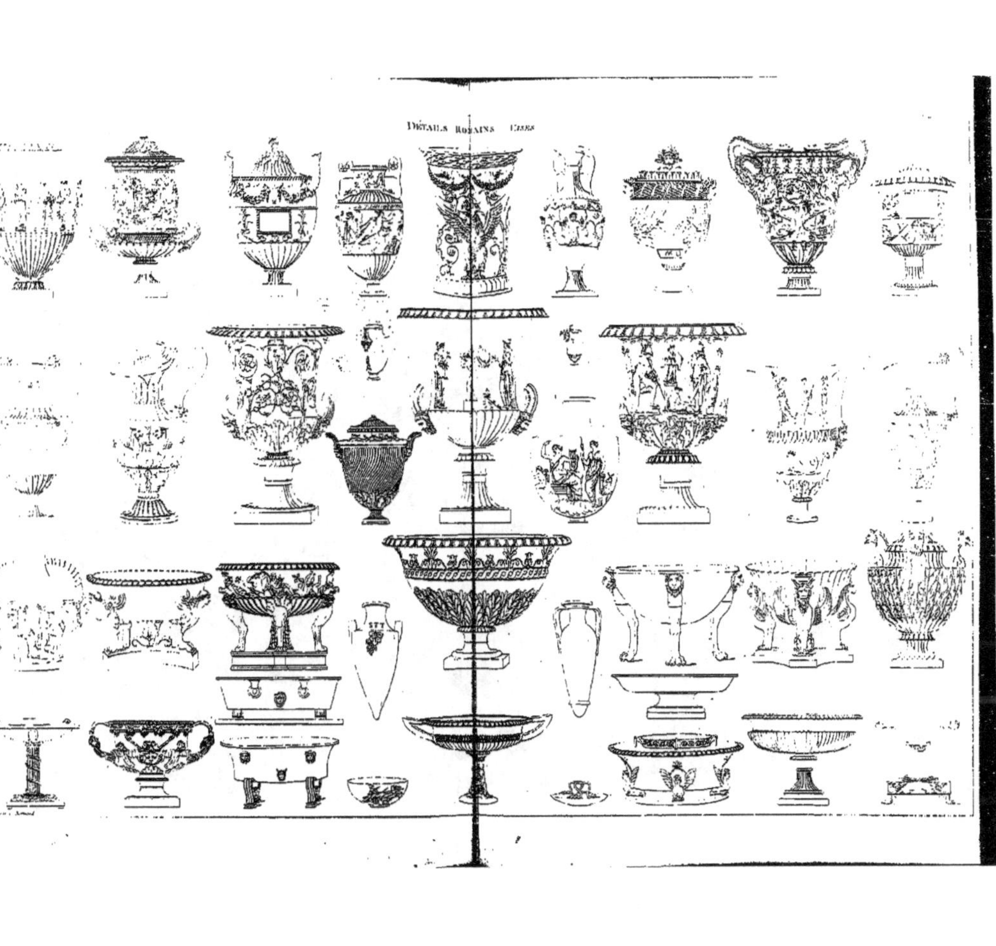
DÉTAILS ROMAINS

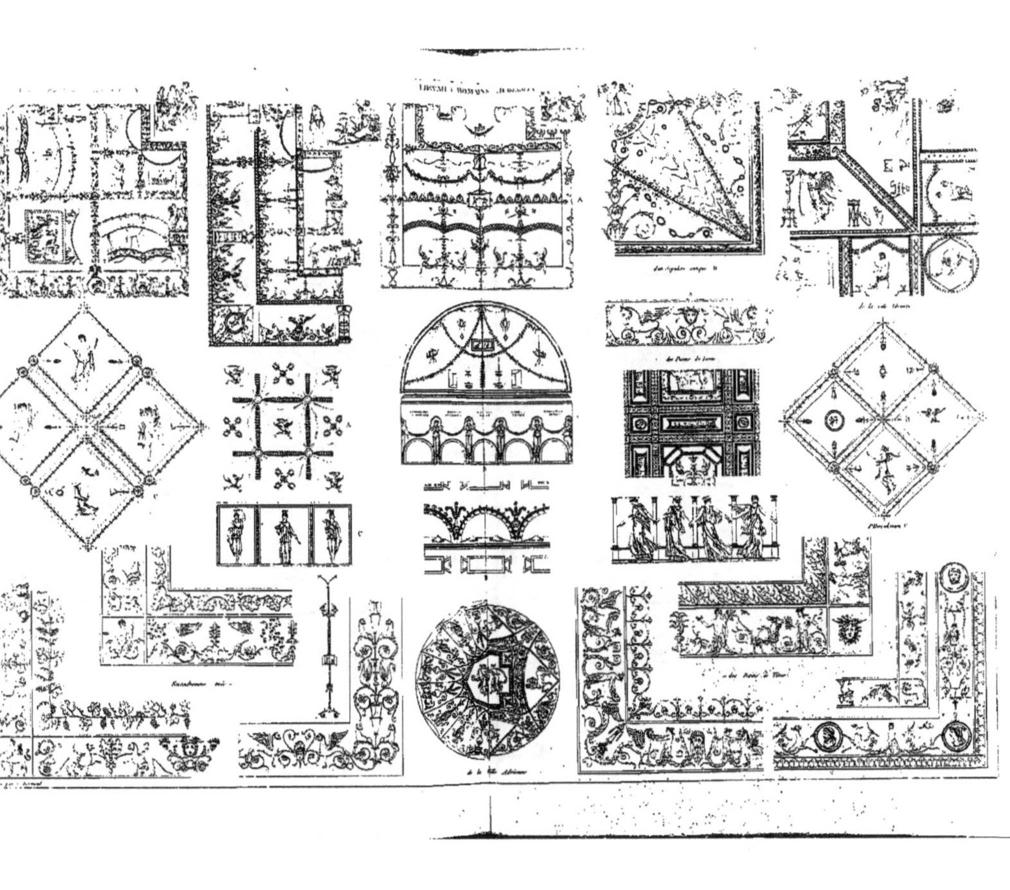

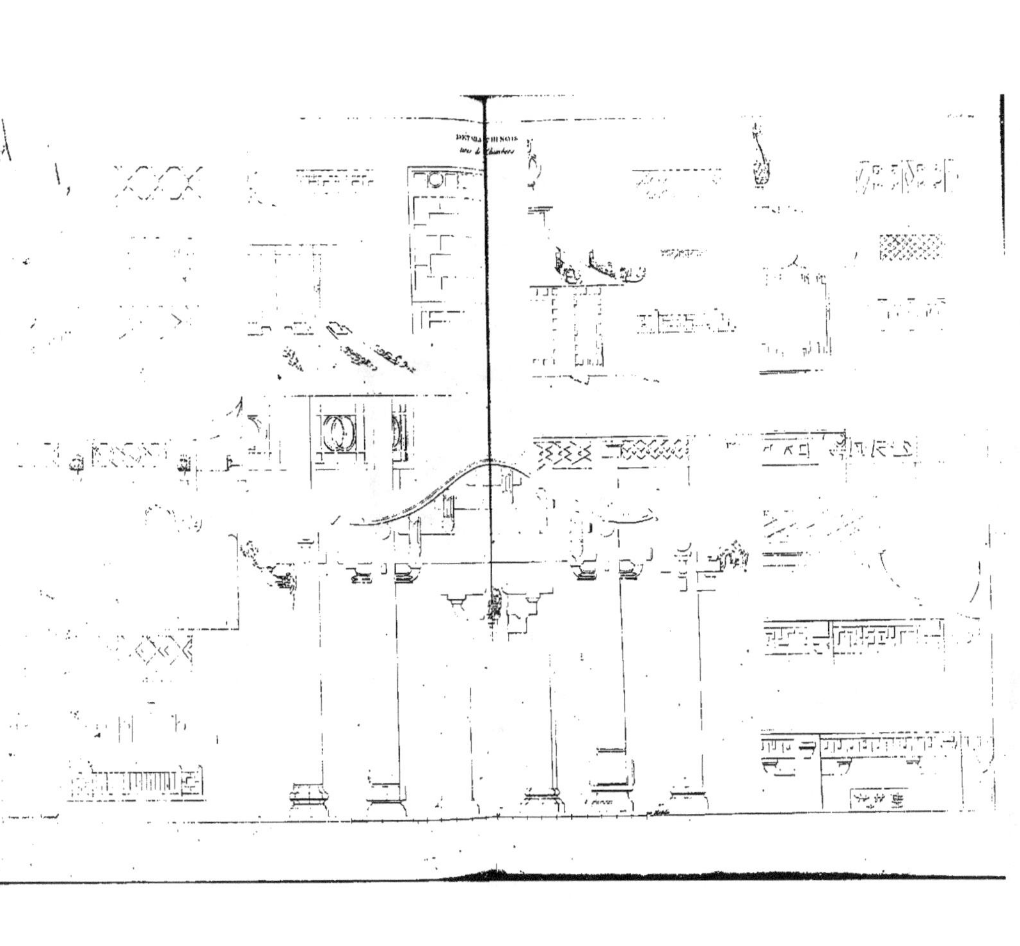
DÉTAILS CHINOIS
tirés de Chambers

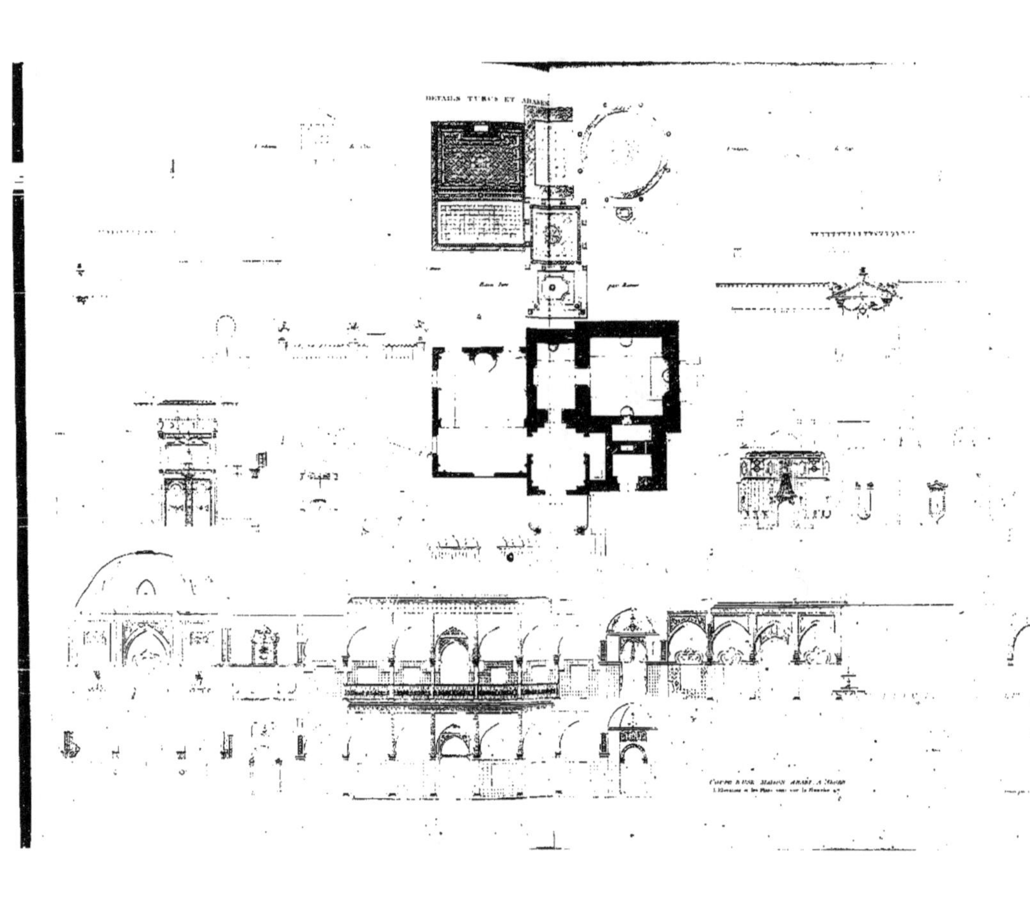

tirés de l'Alhambra

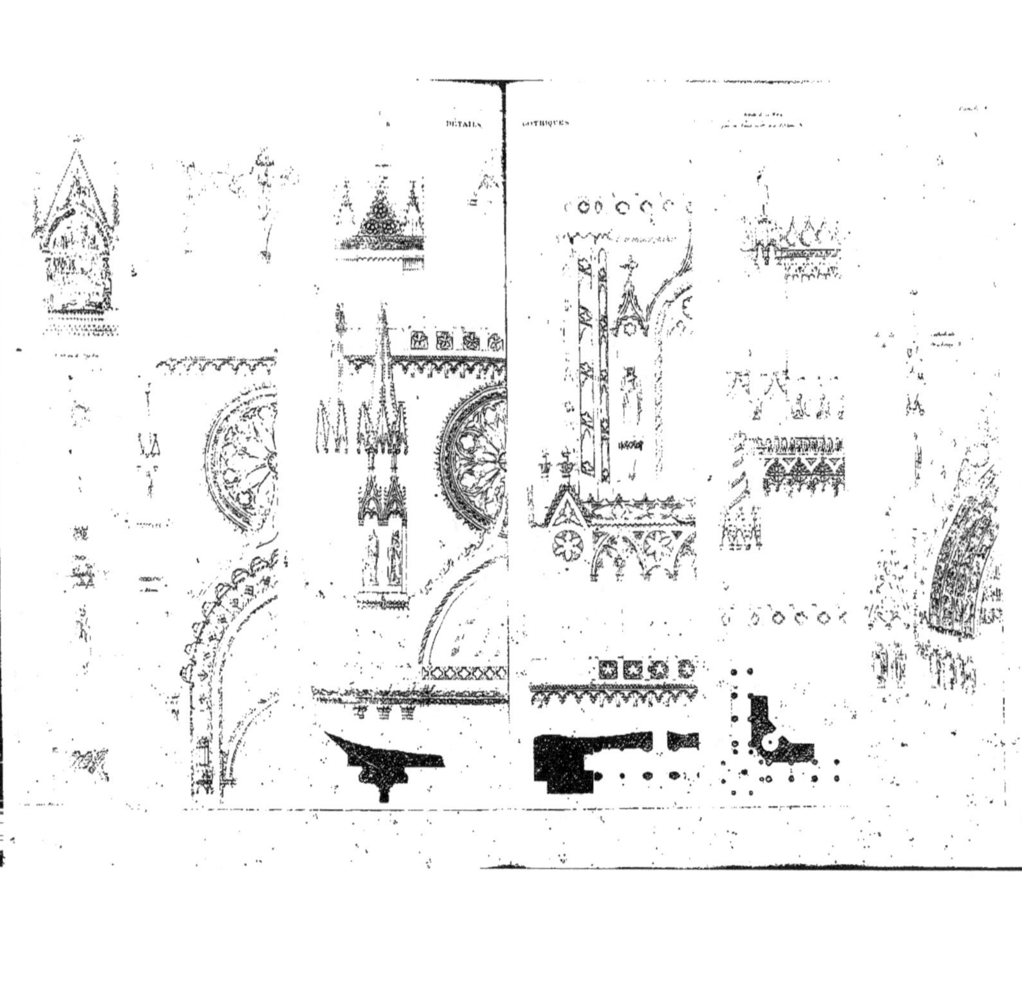
DÉTAILS GOTHIQUES

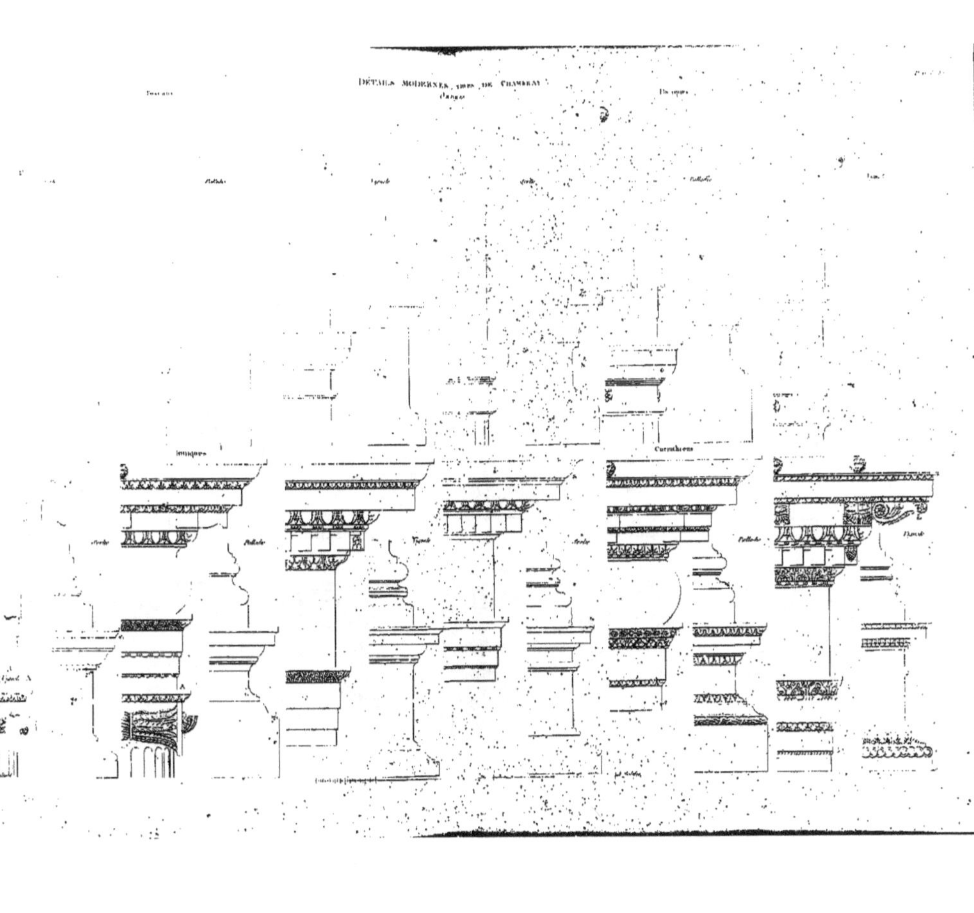
DÉTAILS MODERNES, TIRÉS DE CHAMBRAY.
Toscans
Palladio
Vignole
Doriques
Palladio
Ioniques
Scamozzi
Palladio
Vignole
Scamozzi
Corinthiens
Palladio
Vignole

ARABESQUES DE RAPHAEL

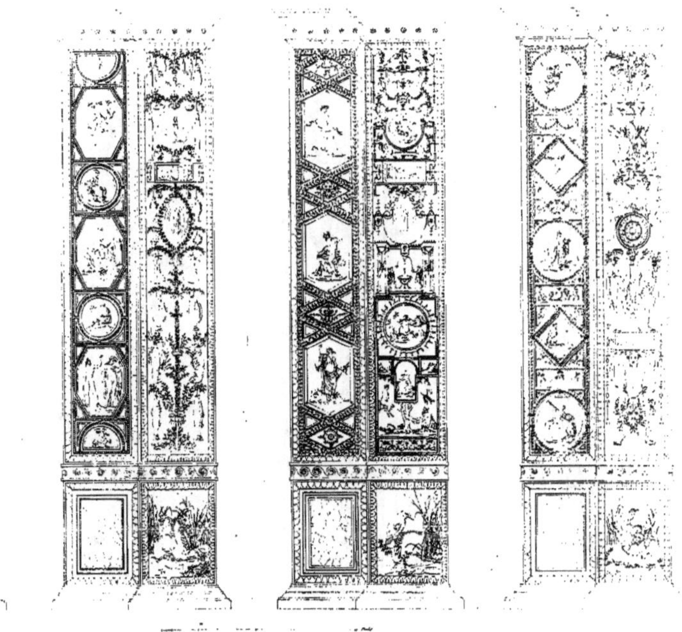

ARABESQUES DE RAPHAEL

www.ingramcontent.com/pod-product-compliance
Lightning Source LLC
LaVergne TN
LVHW020424230826
846091LV00004B/1397

* 9 7 8 2 0 1 3 6 0 0 2 5 5 *